Je n'y [...] considé[ration de son] service, ni de ma gloire. Mes forces ne sont pas capables d'un tel dessein.

Je l'ai voué à la commodité particulière de mes parents et amis : à ce que m'ayant perdu (ce qu'ils ont à faire bientôt) ils y puissent retrouver aucuns traits de mes

conditions et humeurs, et que par ce moyen ils nourrissent plus entière et plus vive, la connaissance qu'ils ont eue de moi. Si c'eût été pour rechercher la faveur du monde, je me fusse mieux paré et me présente- rais en une marche étudiée.

Je veux qu'on m'y voie
en ma façon simple,
naturelle et ordinaire,
sans contention et
artifice :

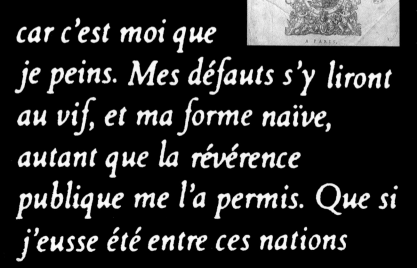

car c'est moi que
je peins. Mes défauts s'y liront
au vif, et ma forme naïve,
autant que la révérence
publique me l'a permis. Que si
j'eusse été entre ces nations

qu'on dit vivre encore sous la douce liberté des premières lois de nature, je t'assure que je m'y fusse très volontiers peint tout entier, et tout nu. Ainsi, lecteur, je suis moi-même la matière de mon livre : ce n'est pas raison que tu emploies ton loisir en un sujet si frivole et si vain. Adieu donc ; de Montaigne, ce premier de mars 1580.

C'est une absolue perfection, et comme divine, de savoir jouir loyalement de son être. Nous cherchons d'autres conditions, pour n'entendre l'usage des nôtres, et sortons hors de nous, pour ne savoir quel il y fait.

Si, avons-nous beau monter sur des échasses, car sur des échasses encore faut-il marcher de nos jambes. Et au plus élevé trône du monde, si ne sommes assis que sus notre cul.

Jean-Yves Pouilloux,
professeur de
littérature à l'université
de Pau et des Pays de
l'Adour, a publié des
études consacrées à
Montaigne, notamment,
*Lire les «Essais» de
Montaigne* (La
Découverte, 1970),
*Montaigne, L'éveil de
la pensée*, (Champion,
1995). Il s'est depuis
longtemps consacré
aux textes de la
Renaissance et a édité
les œuvres de Rabelais.
Il s'occupe également
de littérature
contemporaine, en
particulier de Paulhan,
Perec, Pinget, Ponge,
Proust, Beckett, Gary,
Ionesco, Jaccottet,
Michon, Pachet.

*1er dépôt légal : octobre 1987
Dépôt légal : juillet 2001
Numéro d'édition : 4866
ISBN : 2-07-053037-X
Imprimerie Editoriale Llyod,
Italie*

MONTAIGNE
«QUE SAIS-JE?»

Jean-Yves Pouilloux

DÉCOUVERTES GALLIMARD
LITTÉRATURES

Cela commence dans la confiance et même dans l'optimisme. En Italie, cinquante ans avant la France, s'opère une sorte de résurrection culturelle, intellectuelle et même morale : le Quattrocento. Sous le règne de François Ier, ce mouvement se répand et rejette le Moyen Age dans les ténèbres. On croit disparues les étroites frontières qui enfermaient les esprits, on croit possible d'éliminer l'ignorance et la sottise qu'on voyait régner.

CHAPITRE PREMIER
L'ESPOIR DE L'HARMONIE

François Ier fit construire le château de Fontainebleau, et chargea les peintres italiens Primatice et Rosso de le décorer. Ces deux allégories représentent l'épanouissement de la Renaissance, le roi (à gauche) recevant l'hommage des représentants de ses Etats, et chassant l'ignorance (ci-contre).

Au début du XVIᵉ siècle, les Portugais (ou Lusitaniens) explorent les côtes du Brésil et prennent contact avec la civilisation indienne. Cela se traduit souvent par des affrontements meurtriers : d'un côté les caravelles et les armes à feu, de l'autre les pirogues, les lances et les arcs.

••Notre monde vient d'en trouver un autre, non moins grand, plein et membru que lui, toutefois si nouveau et si enfant qu'on lui apprend encore son a, b, c; il n'y a pas cinquante ans qu'il ne savait ni lettres, ni poids, ni mesure, ni vêtements, ni blés, ni vignes.••

III, VI

Notre monde, en quelques décennies et grâce à d'audacieuses expéditions maritimes, vient de s'élargir considérablement. On découvre un continent inconnu, l'Amérique, et on est naturellement curieux d'en savoir davantage. L'extraordinaire variété des pays et des peuples fascine les esprits à qui l'enseignement traditionnel offrait un modèle rigide et unique, fondé sur des éléments appris et répétés mécaniquement. C'est une sorte d'émerveillement naïf mélangeant les vraies découvertes et les mythes d'Eldorado. Enfin on croit en l'homme et en sa capacité d'atteindre à la connaissance et à l'harmonie par des moyens rationnels.

La redécouverte de la culture antique, à travers les humanistes italiens, contribue à répandre un appétit enthousiaste de connaissances, comme s'il devenait possible d'acquérir un savoir universel. Rabelais dresse pour son géant Gargantua un programme d'éducation, lui aussi gigantesque, et certainement, aux yeux mêmes de l'écrivain, irréalisable, mais qui figure un modèle idéal pour les humanistes de sa génération. Au savoir livresque qu'on apprend sans effort grâce au doigté des précepteurs, s'ajoute l'apprentissage des métiers manuels et les exercices physiques nécessaires pour former un gentilhomme : c'est ainsi qu'on imagine éduquer un prince.

«Pierre Eyquem, le bon père que Dieu me donna»...

Le père de Montaigne n'est pas prince, mais il est noble et fier de l'être. La famille Eyquem a acquis en effet, en 1497, la maison de Montaigne, à la limite de la Gironde et de la Dordogne. Pendant les dix ans qui précèdent la naissance de Michel, Pierre Eyquem agrandit et fortifie le château. C'est un homme d'une énergie et d'une activité étonnantes, curieux de tout et entreprenant. De son séjour en Italie, il est revenu persuadé que l'étude des textes anciens ne peut qu'améliorer la manière de se conduire dans l'existence. Fasciné par les hommes de culture, il fait donner à son fils cette culture que lui-même n'avait pas et, par l'excès de son enthousiasme, lui permet

L' aïeul de Montaigne, Ramon Eyquem, enrichi dans le négoce, s'installe comme propriétaire foncier à Saint-Michel-de-Montaigne, près des rives de la Dordogne. Cette ascension sociale se poursuit avec Pierre Eyquem, qui occupe des charges parlementaires et deviendra maire de Bordeaux. Michel, lui, sera le premier à porter le nom de la terre, en abandonnant le patronyme Eyquem pour devenir Michel de Montaigne. Le château est constitué d'un corps de logis assez vaste ouvrant sur une cour carrée protégée par une enceinte; à chaque angle s'élèvent deux tours. Celle que l'on voit au premier plan abritera la librairie de Montaigne.

d'échapper au respect aveugle pour le savoir, et de tenir, par-dessus tout, à l'indépendance de son jugement.

Le soin qu'il a de sa terre et de sa fortune met ses enfants hors du besoin, et même hors du souci de s'en préoccuper vraiment. Bien installés dans l'aisance, les héritiers ont seulement à charge de ne pas dilapider le bien. Pierre Eyquem sut réunir toutes les conditions matérielles, affectives et intellectuelles pour que ses sept enfants - son fils ainé en particulier - puissent atteindre l'idéal d'humanité auquel lui-même avait rêvé.

L'enfance, le paradis

Afin de ne pas ébranler ou troubler l'enfant, Pierre Eyquem va jusqu'à employer un joueur d'épinette pour le réveiller doucement en musique. Pari insolite et un peu insensé : il décide que son fils apprendrait le latin sans effort, sans même s'en rendre compte; à la place d'une langue maternelle, il assimilerait en quelque sorte une langue «paternelle». Il ordonne donc que tout le monde dans le château se mette à «jargonner» latin. Pour obéir à cette étrange lubie, père, mère, valets et chambrières, tout le monde se met à latiniser. Et cela, jusque chez les artisans et les paysans des alentours, qui, des années plus tard, utilisaient encore des mots latins pour nommer les outils.

Pierre Eyquem n'agissait de la sorte pas seulement par souci éducatif ou pour appliquer des théories pédagogiques nouvelles, mais poussé par une extraordinaire tendresse pour son fils aîné.

Le jeune enfant arriva ainsi «sans art, sans livre, sans grammaire, sans précepteur, sans fouet et sans larmes», à l'âge de six ans, à parler le latin comme sa langue naturelle. Il avait fallu à Pierre Eyquem un optimisme et une obstination tout à fait hors du commun pour imaginer et accomplir un tel plan d'apprentissage. Optimisme assurément, qui lui avait fait croire en la bonté de la nature humaine et penser que l'absence de contrainte serait meilleure que le sens du devoir et l'obéissance pour acquérir, sinon les connaissances, au moins le désir de savoir. Surtout, il respectait ainsi la personne de l'enfant, bien au-delà de ce que nous imaginons normal aujourd'hui et jugeait à propos de donner le goût de l'étude «par une volonté non forcée et de mon propre désir, écrit Montaigne, et d'élever mon âme en toute douceur et liberté, sans rigueur et sans contrainte».

Le collège, la prison

Ce paradis ne dure pas. Montaigne, à sept ans, rejoint le collège de Guyenne à Bordeaux. C'est l'un des meilleurs de France, il vient d'être organisé sous la direction d'un remarquable

"[Mon père] me faisait éveiller par le son de quelque instrument et avait un joueur d'épinette pour cet effet(…).
Mon père et ma mère apprirent assez de latin pour l'entendre et en acquirent à suffisance pour s'en servir à la nécessité, comme firent aussi les domestiques."
I, XXVI

Pierre Eyquem fait venir au château un précepteur allemand; ignorant tout du français, il ne parle à l'enfant que le latin et veille constamment sur lui. A cette douceur attentive, succède la tristesse des salles de classe du collège (ci-dessus).

principal, André de Gouvea. Montaigne passe de la liberté à l'internat, le changement est brutal et inconfortable. Dans cette prison il n'y a pas plus de dix jours de vacances par an.

Il se retrouve dans une position étrange : l'initiation à la grammaire et à la langue latine, les thèmes et les versions, puis les commentaires sur Cicéron, Quintilien et Horace (les classiques), forment le fond de l'enseignement. Ses camarades du même âge essaient ainsi d'apprendre ce que lui sait déjà; du coup, il désapprend : «Mon latin s'abatardit incontinent».

Heureusement, son père a placé près de lui un répétiteur qui cultive son goût pour les poètes latins : Ovide, Virgile, Terence et Plaute, plus séduisants que les auteurs habituels. Voilà toute une culture acquise dans le plaisir de lire (sans compter les divertissements des pièces de théâtre qu'on joue gaiement). Le latin restera pour Montaigne langue maternelle, et la passion pour les livres ne le quittera plus.

Les études secondaires s'achèvent. Montaigne a quinze ans, nous sommes en 1548. Cette année-là se produit un soulèvement général, depuis Poitiers jusqu'à Bordeaux, contre le pouvoir royal qui a imposé la gabelle, l'impôt sur le sel. Cette pression fiscale supplémentaire déclenche des émeutes. On pille les maisons riches, celles des officiers royaux, on exige la suppression de la gabelle. En août, à Bordeaux, le lieutenant général Moneins, épouvanté par l'agitation populaire, s'enferme dans la citadelle

En juin 1548, la région est en armes et la «commune de Guyenne» insurgée contre le pouvoir royal : c'est la révolte des «Pitauts» contre la gabelle. A Bordeaux même, le représentant du roi, Moneins, pris de panique, quitte l'hôtel de ville et se réfugie dans le fort, le Château-Trompette.

Anne de Montmorency, connétable de France, fait régner l'ordre au nom du roi. Il se distingue par son excessive rigueur et par la dureté de sa répression, la «terreur blanche».

royale, le Château-Trompette. La foule réclame son retour à la maison de ville et l'obtient. Le 21 août, il sort au milieu d'une vingtaine de gabeleurs et est assassiné en pleine rue. Le calme revient néamoins peu à peu. Mais deux mois plus tard, le connétable de Montmorency, au nom du pouvoir royal, occupe la ville et fait régner la terreur, les exécutions succèdent aux exactions et aux supplices. La ville de Bordeaux est privée de tous ses privilèges. Pour Montaigne, le collège est fermé, une autre vie commence.

Commencé sous Charles VII au milieu du XVᵉ siècle, après la délivrance de Bordeaux qui, jusque-là était aux mains des Anglais, le Château-Trompette s'élève au bord de la Garonne, au nord-ouest de la ville. Des tours carrées, rondes ou en fer à cheval, des fossés, franchis par des ponts-levis et un «boulevard» (chemin de ronde) constituent la défense de la citadelle.

L'apprentissage du monde

De la période qui suit, on sait peu de choses. Quelles études fait alors Montaigne, dans quelle université? Il y a tout lieu d'imaginer qu'au sortir de ces années contraignantes du collège, il revient au domaine familial pour y passer comme de longues vacances en liberté. Cette fois, il emploie son temps à monter à cheval ou courir les filles. Il a dû apprendre un peu de droit, mais on n'en sait pas davantage, sinon qu'on ne s'improvise pas magistrat du jour au lendemain...

Il a sans doute passé du temps à Paris, et déclare son amour pour la capitale: «Elle a mon cœur dès mon enfance». Il évoque les humanistes célèbres dont il a écouté les leçons: «J'ai vu Adrianus Turnebus qui, n'ayant fait d'autre profession que des lettres, en laquelle c'était, à mon opinion, le plus grand homme qui fut il y a mille ans, n'avait toutefois rien de pédantesque

La découverte de Paris, de ses monuments (Notre-Dame, à droite), de la vie de la cour et des fêtes qui s'y déroulent (ci-dessous), marque définitivement Montaigne. Il y fréquente aussi les humanistes, assiste à la Sorbonne à la réception des lauréats (à gauche).

••Plus j'ai vu depuis d'autres villes belles, plus la beauté de celle-ci peut et gagne sur mon affection. Je l'aime par elle-même et plus en son être seul que rechargée de pompes étrangères. Je l'aime tendrement, jusques à ses verrues et à ses taches. Je ne suis français que par cette grande cité.••

III, IX

que le port de sa robe.» Il est vraisemblable qu'il a alors l'occasion de fréquenter des cercles de la haute aristocratie et sans doute aussi la Cour : il était normal en effet qu'un héritier de bonne famille vienne parfaire son éducation et se frotter aux mœurs de la capitale.

Il y apprend un peu le métier de courtisan, aussi bien auprès des dames de grande et de petite vertu que des grands seigneurs. On apprend peut-être autant dans la pratique du monde que dans les livres : dès ce moment, Montaigne met au premier plan une qualité souveraine, la clairvoyance, qui s'acquiert autant par l'expérience que par l'étude.

L'entrée dans la vie active

Cette époque de liberté mondaine et studieuse, où Montaigne mène la vie d'un héritier privilégié, dure probablement jusque vers 1555-1556, époque à laquelle il entre dans la vie active. En 1554, Pierre Eyquem a été élu maire de Bordeaux, et cette haute fonction ne peut se cumuler avec d'autres. Il doit donc se retirer du parlement, ce qui permet à son fils d'y occuper une charge, sans doute à la cour des aides de Périgueux d'abord, puis au parlement de Bordeaux à partir de décembre 1557.

Il a vingt-quatre ans, déjà une expérience étendue du monde, mais il appartient désormais à une institution judiciaire qui a pour rôle essentiel

E n costume de gentilhomme, portant la fraise et le pourpoint, Montaigne sur un portrait typique.

A vec les Anglais, la richesse entre à Bordeaux. Du port, partent les cargaisons de vin, de pastel (pour les teintures de tissus), les flottes de pêche pour Terre-Neuve. Des vaisseaux y arrivent, chargés de blé, de poisson et de drap.

de faire appliquer les ordonnances royales tout en les accommodant aux «coutumes» locales. Il faut avoir des connaissances en droit romain, d'une part, mais aussi savoir concilier des textes dissemblables et respecter les usages particuliers à diverses cités; être non seulement juriste, mais encore diplomate et même politique. Montaigne n'éprouve qu'un goût très modéré pour la pratique judiciaire : toutes les occasions lui sont bonnes pour partir «en mission», soit auprès d'autres parlements, soit auprès du roi. En 1559, il accompagne François II en Lorraine; en 1562, il est à Rouen avec Charles IX : et justement, il y a là trois Indiens originaires du Brésil. On leur montre les usages, les cérémonies, l'étiquette de la Cour, et puis on leur demande leur avis. Ils trouvent étrange que des hommes armés (la garde) obéissent à un enfant (le roi) et encore plus étrange que des pauvres squelettiques ne sautent pas à la gorge des riches pour leur prendre ce dont ils ont besoin.

Et un jour, dans ce petit monde grave, sérieux et passablement ennuyeux, Montaigne fait une rencontre décisive, celle de La Boétie

C'est en 1557 ou 1558, «par hasard, en une grande fête en compagnie de ville», que ces deux hommes, qui ont déjà entendu parler l'un de l'autre en des termes tels qu'ils étaient impatients de se connaître, se rencontrent. «Dès ce moment, rien ne nous fut si proche que l'un à l'autre...» La Boétie, de deux ans plus âgé que Montaigne, est

En 1550, à l'occasion de la visite du roi Henri II à Rouen, les autorités de la ville lui offrirent un spectacle exotique : des Indiens du Brésil et leurs danses. En 1562, Charles IX, alors âgé de 12 ans (à gauche), y vint lui aussi et se fit présenter trois hommes du Nouveau Monde. Montaigne, présent, put converser avec l'un des Indiens grâce à un interprète.

❝Je lui demandai quel fruit il recevait de la supériorité qu'il avait parmi les siens (car c'était un capitaine et nos matelots le nommaient roi), il me dit que c'était marcher le premier à la guerre; de combien d'hommes il était suivi, il me montra un espace de lieu pour signifier que c'était autant qu'il en pouvait en un tel espace (ce pouvait être quatre ou cinq mille hommes); si, hors la guerre toute son autorité était expirée, il dit qu'il lui en restait cela que, quand il visitait les villages qui dépendaient de lui, on lui dressait des sentiers au travers des haies de leurs bois, par où il pût passer bien à l'aise. Tout cela ne va pas trop mal : mais quoi, ils ne portent point de hauts-de-chausses.❞

I, XXXI

originaire de Sarlat, dans le Périgord, et a été élevé dans le culte de l'Antiquité grecque et romaine. L'évêque de la ville est alors Nicola Gaddi, cousin des Médicis, homme d'une grande érudition, qui introduit à Sarlat les manières de penser de l'humanisme italien. Autant Montaigne a été indolent et plutôt résistant à l'étude, autant La Boétie y a été enthousiaste. Après des études de droit à l'université d'Orléans, l'une des plus brillantes de France, où il obtient en 1553 son grade de licencié, il achète la charge de conseiller au parlement de Bordeaux. Il s'y montre plus assidu, sérieux et intéressé que Montaigne, tout en ne se laissant pas totalement absorber par ses activités. Lui aussi possède une remarquable bibliothèque d'auteurs antiques, il traduit des petits textes de Plutarque et Xénophon et compose quelques pièces de vers français.

Sa fermeté et sa rigueur en imposent à Montaigne, qui a enfin trouvé un homme incarnant ce que la tradition antique a dessiné, un homme tout droit sorti des livres étudiés au collège. Montaigne est d'un tempérament différent, il est moins raide, moins tendu dans la recherche de la «vertu», c'est-à-dire de la grandeur d'âme. Mais lui non plus n'est pas très loin du modèle antique, sinon la relation entre les deux hommes eût été inégale et à sens unique.

E tienne de La Boétie est né à Sarlat, en 1530, dans une famille de parlementaires. La ville, bien que petite, connaît une vie culturelle brillante, sous l'impulsion de son évêque italien nommé au siège épiscopal par François Ier. A gauche, sa maison natale; ci-dessus, le château, qui fut rasé en 1590. Sarlat était alors occupée par les Ligueurs et, pour se débarrasser d'eux, les «consuls» leur firent croire que les calvinistes allaient s'emparer du château. Aussitôt, les Ligueurs coururent le raser et trouvèrent à leur retour les portes de la ville closes.

Le sens de l'amitié

Cette amitié est devenue une sorte de symbole, de lieu commun. En quoi reste-t-elle exemplaire au-delà de la relation personnelle qui a uni deux individus? Nous avons pris l'habitude de réserver le terme aux liens privés, hors de toute participation aux affaires publiques. Pour nous, aujourd'hui, il renvoie à une intimité indépendante de tout lien social. Les choses ne sont pas aussi simples pour La Boétie; à la fin du *Discours*, il écrit : «L'amitié, c'est un nom sacré, c'est une chose sainte; elle ne se met jamais qu'entre gens de bien, et ne se prend que par mutuelle estime... Ce qui rend un ami assuré de l'autre, c'est la connaissance qu'il a de son intégrité : les répondants qu'il en a, c'est son bon naturel, la foi et la constance. Il ne peut y avoir d'amitié là où est la cruauté, là où est la déloyauté, là où est l'injustice.»

L'amitié est tout autre chose qu'un sentiment unissant deux personnes privées. C'est le type de relation humaine qui rend possible une société où seraient assurées la liberté et l'égalité de chacun par rapport à chacun. Plus encore, le respect mutuel et l'émulation pour le bien, qui définissent cette amitié, fondent un ordre social où règnent l'entente et l'harmonie, et où le bien public s'accomplit sans contrainte. L'amitié est ainsi une vertu civique grâce à laquelle une société peut échapper aux rapports de force et résister aux abus de pouvoir.

Mieux, l'amitié, c'est une communauté étrange dans laquelle chacun ressent immédiatement ce que l'autre sent ou pense, avant même d'en avoir pleinement pris conscience lui-même. «Nos âmes... se sont considérées d'une si ardente affection, et de

On ne possède pas de portrait de La Boétie; seules quelques gravures du XIXᵉ siècle prétendent le représenter. Les descriptions qu'en donne Montaigne sont influencées par le modèle de Socrate.

Socrate, qui a été un exemplaire parfait en toutes grandes qualités, j'ai dépit qu'il eût rencontré un corps et un visage si vilain et disconvenable à la beauté de son âme, lui si amoureux et si affolé de la beauté. (...) La laideur qui revêtait une âme très belle en La Boétie était de ce prédicament.

III, XII

pareille affection découvertes l'une à l'autre, que non seulement je connaissais la sienne comme la mienne, mais je me fusse certainement plus volontiers fié à lui de moi qu'à moi.» Mais une telle capacité d'intuition ne dit pas tout ce que l'amitié représente pour les deux hommes; ils la vivent comme l'espace privilégié où peut se développer la reflexion.

S'apprécier sans complaisance et sans violence

Qu'est-ce à dire? Nous connaissons bien ces relations un peu fragiles dans lesquelles, par crainte de heurter l'autre, de faire de la peine, par une sorte de lâcheté aussi, nous sommes prêts aux compromis, nous poussons même la diplomatie jusqu'à faire semblant de croire ce que nous savons pourtant pertinemment être faux. Dans l'amitié, ce genre de ménagement n'a pas sa place. «J'aime, entre les galants hommes, qu'on s'exprime courageusement, que les mots aillent où va la pensée. Il faut nous fortifier l'ouïe et la durcir contre cette tendreur du son cérémonieux des paroles. J'aime une société et familiarité forte et virile, une amitié qui se flatte en l'âpreté et vigueur de son commerce... Quand on me contrarie, on éveille mon attention, non pas ma colère; je m'avance vers celui qui me contredit, qui m'instruit.»

Les précautions et les douceurs qui ménageaient la fragilité d'un enfant ne sont plus de saison. Montaigne comme La Boétie sont des hommes faits, résistants, assez solides pour supporter la critique. Ils ont tous les deux le désir de penser véritablement. Rien n'est si facile que se laisser aller à répéter les idées à la mode, à redire les phrases toutes faites en croyant réfléchir par soi-même. C'est alors que la présence vive d'un ami peut nous rappeler à l'ordre, nous faire sortir de notre somnambulisme. Une proximité chaleureuse évite aux échanges les plus vigoureux de tomber dans l'agressivité; c'est le moyen privilégié d'échapper aux notions floues ou coutumières, bref de commencer à penser pour de bon, ce qu'il est si difficile de faire seul.

Au demeurant, ce que nous appelons ordinairement amis, ce ne sont qu'accointances et familiarités nouées par quelque occasion ou commodité, par le moyen de laquelle nos âmes s'entretiennent. En l'amitié de quoi je parle, elles se mêlent et confondent l'une en l'autre, d'un mélange si universel, qu'elles effacent et ne retrouvent plus la couture qui les a jointes. Si on me presse de dire pourquoi je l'aimais, je sens que cela ne se peut exprimer qu'en répondant : «Parce que c'était lui, parce que c'était moi.»

I, XXVIII

En 1560, Montaigne a vingt-sept ans, une culture et une maturité étonnantes, un ami modèle d'homme, un équilibre et une souplesse qui disent combien la tendresse et l'attention chaleureuse de Pierre Eyquem ont réussi. En somme, il est un fils aîné modelé par un père assez aimant pour avoir respecté dans l'enfant l'autonomie d'un être adulte.

Le peintre Raphaël (au second plan) met en scène dans ce tableau son rapport d'amitié et de confiance avec l'un de ses élèves, Polidoro Da Caraggio.

Ce monde lumineux, où le bonheur semble possible, se trouve brutalement déchiré par les guerres de Religion. Dès leur publication, les thèses de Luther ont suscité divisions et affrontements. L'Eglise catholique réagit violemment au succès des idées nouvelles. Aux excommunications succèdent bientôt exécutions et supplices.

CHAPITRE II
L'EFFONDREMENT DU RÊVE HUMANISTE

A la place de l'amitié et de la paix, c'est la guerre civile. Pendant trente ans, de 1562 à 1592, la France est dans la confusion. Tous sont armés : bourgeois, paysans, nobles ou soldats de profession. L'heure n'est plus à la pensée.

Or, à l'intérieur d'une même famille, on trouve des catholiques et des protestants : le frère cadet de Montaigne, Thomas de Beauregard, et deux de ses sœurs, Jeanne et Léonor, se sont convertis à la Réforme; il faut bien une certaine tolérance pour faire coexister les deux religions, pour éviter les luttes fratricides. On espère la paix sur la base de «l'édit de janvier 1562», élaboré par Michel de l'Hospital, qui reconnaît la liberté de conscience, la liberté du culte en assemblées en dehors des villes, et celle du culte privé à l'intérieur des enceintes (17 janvier). Mais ces dispositions libérales déclenchent une violente réaction des catholiques ultras, qui se regroupent autour de la puissante famille des Guise. Le 1er mars 1562, leurs provocations incessantes déclenchent le massacre de Vassy.

La France déchirée

Les guerres civiles vont durer trente-cinq ans, dévaster la France par des massacres d'une cruauté impitoyable, déchirer les familles et ruiner pour longtemps l'idéal d'humanité heureuse auquel la génération précédente avait cru. La violence et l'absurdité de la guerre rendent dérisoires les valeurs auxquelles on s'était attaché dans la première moitié du siècle.

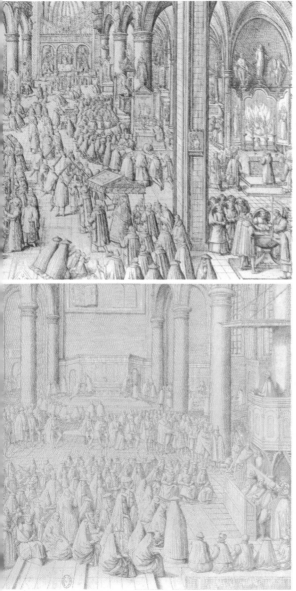

Par la Réforme, on souhaitait lutter contre des pratiques peu fidèles au christianisme primitif : importance abusive de l'autorité ecclésiastique, vente des Indulgences (remise des peines sanctionnant les péchés, c'est-à-dire diminution ou suppression du temps de Purgatoire), faste excessif des cérémonies, célébration des reliques et des images. Les gravures ci-contre montrent, en haut, un intérieur d'église catholique, avec ses tableaux et ses statues, ses différents services simultanés, la richesse des habits sacerdotaux; en bas, dans un temple protestant, aux murs nus, la foule est concentrée vers le prédicateur, seul en chaire, dans une athmosphère d'austérité et de dépouillement.

A la suite du massacre de Vassy, où François de Guise avait laissé tuer des protestants qui participaient à un culte, les Réformés prennent les armes, et se livrent à leur tour à des exactions. La gravure de gauche, intitulée *Horribles cruautés des huguenots en France* était reproduite à des fins de propagande.

Une géographie nouvelle s'impose, qui suit la répartition des communautés protestantes : les églises réformées sont à peu près inexistantes en Bretagne et dans le Centre, mais nombreuses en Normandie, au nord de la Gironde, le long de la Garonne, en Languedoc, dans la vallée du Rhône. (Cette géographie se retrouve encore aujourd'hui.) A la place d'un pays uni sous la loi d'un seul roi, ce ne sont que communautés éclatées, séparées et hostiles. A la place de l'harmonie qui devait régner dans la «douce France», c'est le déchirement et les troubles incessants. On ne peut connaître aucune sécurité, on ne peut avoir aucune certitude de l'avenir.

Un bouleversement politique et religieux aussi violent remet tout en question. Tout ce qu'on avait cru le plus juste, le plus naturel : les liens du sang, l'affection familiale, la justice, la droiture, la loyauté, l'intelligence, la raison, tout cela paraît soudain fragile, menacé, et même, au regard des événements, vide de sens. Ce qui semblait fonder solidement la vie de chacun vacille. L'ordre du monde et le sens de l'existence disparaissent.

Dès qu'une violence a été commise par un parti, l'autre réplique avec une cruauté au moins égale: œil pour œil, dent pour dent. L'Evangile est bien oublié.

Du sang pour une syllabe

C'est d'autant plus inquiétant qu'il a suffi de très peu de choses pour déclencher un tel désastre : à peine plus qu'une querelle de mots. Ce qui divise les croyants, formellement, est dérisoire : l'interprétation d'une parole de la liturgie «*Hoc est corpus meum*», et la lecture d'un passage de saint Paul. «*Hoc est corpus meum*» (ceci est mon corps) est prononcé lors de la consécration de l'hostie, et répète la phrase du Christ lors de la Cène. Pour les uns, cela signifie la présence réelle du corps du Christ (et on avale l'hostie sans la mordre), pour les autres, la communion est symbolique, le Christ est présent en esprit, ce qu'on mange est seulement du pain, ce pain commémorant un sacrifice. Montaigne : «Combien de querelles et combien importantes a produit au monde le double du sens de cette syllabe, *Hoc!* » Une syllabe! à peine un mot... décidément le bouleversement le plus général, le plus meurtrier, part de presque rien. «De toutes choses les naissances sont faibles et tendres.

E n septembre et en octobre 1561, des théologiens catholiques et protestants sont réunis en colloque à Poissy. La reine Catherine de Médicis, veuve d'Henri II et régente du royaume, y assiste aux côtés de son fils Charles IX, âgé de 11 ans. Elle espérait concilier les positions doctrinales, notamment au sujet de l'Eucharistie. Chacun resta intransigeant, et le colloque échoua.

Pourtant faut-il avoir les yeux ouverts aux commencements, car comme lors en sa petitesse on n'en découvre pas le danger, quand il est accru on n'en découvre plus le remède.»

Au milieu de ces violences, il faut beaucoup de sang-froid et de pondération pour échapper aux passions religieuses, beaucoup de courage aussi, car on est vite accusé dès qu'on ne hurle pas avec les loups. Aussi bien Montaigne que La Boétie réussissent à conserver une attitude à la fois intelligente et juste. Avec quelques nuances politiques : La Boétie est plus résolument catholique que son ami; cela ne le rend pourtant pas sectaire, malgré une prise de parti sans équivoque en faveur de l'église catholique. Par son arbitrage sur la liberté des cultes, en accord avec l'édit de Janvier, il contribue à rétablir le calme dans la vallée de la Garonne (Marmande, Agen). Il rédige notamment un long texte intitulé *Mémoire touchant l'édit de janvier 1562*, et qui commence ainsi : «Le sujet de la délibération est la pacification des troubles.» Il y a donc encore un espoir pour les hommes de bonne volonté. Les deux amis peuvent raisonnablement croire que la paix va revenir et la tolérance triompher.

A partir de 1562, les violences se succèdent. Quelques hommes de bonne volonté, les «politiques», essaient de rétablir la paix, en appliquant l'édit de Janvier. Ils sont aussi mal vus d'un parti que de l'autre. Parmi eux, La Boétie et aussi Montaigne.

"J'encourus les inconvénients que la modération apporte en telles maladie. Je fus pelaudé (écorché) à toutes mains : au gibelin, j'étais guelfe, au guelfe, gibelin. (...) La situation de ma maison et l'accointance des hommes de mon voisinage me présentaient d'un visage ma vie, et mes actions d'un autre."

III XII

La mort d'un ami exemplaire

La vie allait ruiner cette espérance. Envoyé en mission pour apaiser des conflits religieux, La Boétie tombe brutalement malade, le mardi 9 aôut 1563. C'est une forte dysenterie : les médecins n'y connaissent rien. Montaigne vient le voir chaque jour, sans trop d'inquiétude jusqu'au samedi où la faiblesse de son ami lui fait prendre conscience de la gravité du mal. Dès lors il ne le quitte plus, pressentant le pire.

Le dimanche, La Boétie a un long évanouissement; revenu à lui, il raconte à son ami qu'il n'a rien vu qu'une épaisse nuée et un brouillard obscur dans lequel tout était pêle-mêle, mais que cela n'avait rien de déplaisant; c'est alors que, pour la première fois, les deux amis parlent de la mort. La Boétie fait venir sa femme et son oncle, leur lègue ses biens et leur adresse un discours d'encouragement pour les aider à supporter sa disparition. A Montaigne, il lègue sa bibliothèque : à lui d'en prendre soin. Puis il

Après Achille et Patrocle, Oreste et Pylade, Montaigne et La Boétie sont entrés dans la légende de l'amitié. Moins célèbres qu'eux, les peintres J.-B. de Champaigne et N. de Platte-Montagne ont composé ce double portrait : sur la planchette que tient Champaigne, on lit le texte «N. Montaigne pinxit me», sur le chevalet derrière Platte-Montagne, une inscription dit : «J.-B. de Champaigne me fecit».

prononce une profession de foi catholique et demande un prêtre.

Calme et résolu, il exhorte ses parents et amis à rester fermes devant sa mort. Au frère de Montaigne, Thomas, qui avait adhéré à la Réforme, il adresse une prière non pour qu'il abdique sa religion mais pour qu'il essaie de réduire le plus possible les violences nées des conflits. «Toute la chambre était pleine de cris et de larmes, qui n'interrompaient toutefois nullement le train de ses discours.» C'est vraiment l'agonie d'un sage chrétien, tout droit sorti de l'histoire antique.

Extrêmement faible, il passe le lundi et le mardi dans une alternance de longs évanouissements et de brefs éclairs de conscience; il appelle Montaigne :«Mon frère! mon frère! me refusez-vous donc une place?» La phrase énigmatique reste gravée dans le cœur du philosophe. Le mercredi 18 août à trois heures du matin, cet homme exceptionnel meurt à trente-deux ans,

On retrouve cette tradition d'échange, emblématique de l'amitié, dans le tableau de W. von Schadow, représentant les deux frères von Schadow et Thorvaldsen jurant de se dévouer à l'art.

laissant Montaigne inconsolable : «Depuis le jour que je le perdis, je ne fais que traîner languissant; et les plaisirs mêmes qui s'offrent à moi, au lieu de me consoler, me redoublent le regret de sa perte. Nous étions à moitié de tout; il me semble que je lui dérobe sa part... J'étais déjà si fait et accoutumé à être deuxième partout, qu'il me semble n'être plus qu'à demi.»

Montaigne vient de faire une expérience tout à fait décisive : la mort, lointaine et anonyme malgré sa présence quotidienne, vient de l'atteindre au point le plus sensible de son existence

Platon, en racontant dans le *Phédon* la mort de Socrate, condamné à boire la ciguë, a inauguré une tradition : les derniers moments d'un sage fournissent un exemple de grandeur humaine, et montrent une existence accordée jusqu'au bout à une philosophie. Sujet qui a inspiré les peintres, ici David.

L'absurdité générale d'une guerre civile se trouve brutalement soulignée par cette perte prématurée. On a beau avoir lu dans les livres des récits de morts héroïques (les Spartiates aux Thermopyles) ou stoïques (les suicides de Caton ou de Sénèque) ou plus calmement philosophiques (la mort de Socrate), tout cela devient tout à coup simplement insupportable, scandaleux et absurde.

Lorsqu'il se met, dix ans plus tard, à écrire ses réflexions sur le sujet, Montaigne énumère un certain nombre de morts inattendues et stupides : un roi tué dans un tournoi, un autre par le choc d'un cochon, Eschyle assommé par une carapace de tortue, Anacréon étouffé par un pépin de

raisin, et son propre frère, le capitaine de Saint-Martin, mort à vingt-trois ans d'avoir reçu dans la tempe une balle au jeu de paume. Il faut un courage désespéré pour continuer malgré tout à poursuivre la réalisation d'un idéal d'homme. Montaigne vient d'éprouver à quel point la mort fait partie de la vie, et à quel point il n'est pas simple de l'accepter.

Il va donc persévérer, pourtant, ou comme il dit «jouer dûment son rôle», et remplir ce qu'on appelle «les devoirs de son état». Ce sera une façon de rester fidèle à la mémoire de son ami : maintenir envers et contre tout, malgré les bouleversements politiques et les deuils privés, la continuité d'une vie. Ce n'est pas chose facile; le désordre gagne même le calendrier : le 4 août 1564, Charles IX décide de faire commencer l'année au 1er janvier. Elle s'ouvrait alors au 1er avril et dépendait étroitement de la date de Pâques, fête mobile fixée au premier dimanche suivant la première pleine lune après l'équinoxe de printemps, soit le 21 mars.

En 1582, le pape Grégoire XIII institue le calendrier actuel, à la place du calendrier romain. En effet, Jules César, en 46 av. J.-C., avait fixé l'année légale à 365 jours et 6 heures, soit onze minutes de trop, soit un jour tous les 130 ans. Au XVIe siècle, on était arrivé à 10 jours de retard sur les mouvements de la Lune et du Soleil. Le pape décida donc de passer directement du 4 octobre au 15 octobre 1582. La peinture ci-dessous représente la commision de réforme présidée par le pape.

Montaigne continue à intervenir au parlement de Bordeaux et accomplit plusieurs missions officielles à la Cour (novembre 1564, novembre 1565). Il se marie, à l'âge de trente-trois ans, avec Françoise de la Chassaigne, issue d'une famille de parlementaires. Malgré les critiques qu'il fit du mariage, ce sera une union pleine d'estime et de franchise, «à la vieille françoise». En somme la vie continue, même si le cœur n'y est plus tout à fait.

A la mort de Pierre Eyquem, il faut reprendre l'héritage paternel

A la demande de son père, Montaigne avait entrepris de traduire la *Théologie naturelle* de Raymond Sebond; il termine tout juste son travail quand Pierre Eyquem meurt, le 18 juin 1568. La lettre-dédicace de l'ouvrage est datée de ce même jour.

Après La Boétie, voici la deuxième perte essentielle. Montaigne hérite donc du château paternel, du nom, et aussi (mais il s'en apercevra seulement plus tard) de coliques néphrétiques (dites aussi maladie de la pierre ou gravelle)... Il va vivre dans la reconnaissance de cette filiation, et en admirer le mystère. «Quel monstre (prodige) est-ce, que cette goutte de semence de quoi nous sommes produits, porte en soi les impressions, non de la forme corporelle seulement, mais du pensement et des inclinations de nos pères?»

Autant La Boétie avait pu figurer un modèle à l'antique, conforme aux livres de la tradition, autant Pierre Eyquem incarnait un modèle contemporain, simple, enjoué et équilibré, vivant dans la réalité quotidienne sans chercher à se guinder au-delà de ce qu'il pouvait humainement attendre. Montaigne essaya de rester aussi fidèle à l'un qu'à l'autre.

"Je suis né et nourri aux champs et parmi le labourage (...). Or, je ne sais compter ni à jet, ni à plume (...) ne sais la différence d'un grain à l'autre, ni en la terre, ni au grenier, si elle n'est pas trop apparente; ni à peine, celle d'entre les choux et les laitues de mon jardin. Je n'entends pas seulement les noms des premiers outils du ménage, ni des plus grossiers principes de l'agriculture, et que les enfants savent.**"**

II XVII

De son aveu même, Montaigne n'a pas de goût pour les travaux des champs; mais le domaine que lui a légué son père est si bien administré (vignes, pâtures et champs) que la succession n'est pas trop difficile. Les choses vont toutes seules.

Le voici maintenant en possession du château, jouissant d'une aisance matérielle qui modifie considérablement sa situation : les ressources du domaine suffisent à son bien-être et il n'a plus besoin financièrement d'exercer sa charge.

Rencontrer la mort en face

Dans les années qui suivent la mort de son père survient une étrange expérience, un accident de cheval. Montaigne, montant un petit cheval, se fait renverser par un homme de sa suite qui arrivait à bride abattue sur un cheval de trait, et projeter à dix ou douze pas, évanoui. «C'est le seul évanouissement que j'aie senti jusques à cette heure.» On essaie de le faire revenir à lui, sans succès, puis on décide de le ramener au château. Tout le monde pensait qu'il était mort. Cela dura, dit-il, deux grandes heures. Puis, peu à peu, il recommence à se «mouvoir et respirer», à reprendre un peu de vie, mais si lentement «que (ses) premiers sentimens étaient beaucoup plus approchants de la mort que de la vie».

Tout d'abord cette extrême faiblesse n'eut rien de désagréable, au contraire il semblait à Montaigne qu'il glissait doucement dans le sommeil. Il ne savait d'où il venait ni où il allait et ne sentait que de légères impressions...

Quelques heures plus tard, reprenant davantage conscience, il se mit à éprouver la souffrance que lui causaient les suites du choc,

et la douleur augmenta progressivement encore dans les jours suivants.

Longtemps après, essayant de se rappeler le moment de l'accident, «il me sembla, dit-il, que c'était un éclair qui me frappait l'âme de secousses et que je revenais de l'autre monde».

Pour Montaigne, c'est, dans son propre corps, l'expérience de cette fragile frontière qui sépare la vie de la mort. De là, tout ce qu'on a appris dans les livres paraît bien théorique et pour tout dire

••Ainsi faisaient les Égyptiens, qui, au milieu de leurs festins, et parmi leur meilleure chère, faisaient apporter l'anatomie sèche d'un corps d'homme mort (une momie), pour servir d'avertissement aux conviés.•• I, xx

sans grand poids. Face à la mort, que peut-on penser qui vaille la peine, qui ait quelque valeur et quelque force d'assurance ? La question est posée dans l'effondrement général des guerres de Religion et dans les deuils successifs qui frappent Montaigne.

Le 24 juillet 1570, Montaigne se démet de sa charge au parlement de Bordeaux

Aussitôt délivré de ses fonctions publiques, il s'occupe de faire imprimer les œuvres de La Boétie, témoignage de fidélité à sa mémoire. Craignant que les écrits proprement politiques (*Discours de la servitude volontaire* et les *Mémoires*) ne soient mal interprétés dans le climat troublé et violemment partisan qui règne (à droite) alors, il ne publie que les écrits littéraires, traductions d'auteurs anciens et vers latins (*l'Economique* de Xénophon, et les *Règles de*

A u sens étymologique, l'économique désigne l'administration et la gestion du domaine privé, c'est-à-dire des biens familiaux, d'où le double titre *l'Economie ou la Mesnagerie* donné au XVIe siècle à l'ouvrage de Xénophon.

mariage, une lettre de consolation de Plutarque à sa femme). Par diplomatie, il accompagne chaque texte d'une lettre de dédicace à un grand personnage, à monsieur de Foix, ambassadeur du roi à Venise, et surtout à Michel de L'Hospital, chancelier de France. Le recueil est imprimé à Paris chez Frédéric Morel et paraît en 1571.

Avec la traduction de la *Théologie naturelle*, Montaigne rendait hommage à son père; avec ce volume, il honore la mémoire de son ami. On pourrait imaginer qu'il règle ainsi ses dettes avec son passé, et en un sens, pour le public, c'est vrai. Mais en même temps, aucun de ces deux livres n'essaye d'apporter une réponse à la ruine générale des valeurs à laquelle Montaigne assiste; l'un et l'autre montrent encore un optimisme confiant qui n'est plus de saison, qui est même carrément déplacé : ni la théologie moraliste et plutôt souriante de Sebond, ni la confiance dans la volonté et la vertu individuelle de La Boétie, n'ont de prise sur l'évidence brutale et immédiate de la mort. Il faut donc tout reprendre depuis le commencement.

Le parlement de Bordeaux siège au palais de l'Ombrière (à gauche du dessin). Institué en 1462, il a sous sa juridiction un territoire considérable : Aunis, Saintonge, Angoûmois, Limousin, Périgord, Quercy, Armagnac. C'est une chambre d'appel, pour les jugements rendus par l'ensemble des cours locales. Mais il juge aussi, en première instance, les affaires des «privilégiés», les questions d'élections (par exemple les jurats) et, peu à peu, s'occupe de la juridiction fluviale et maritime et même de questions ecclésiastiques. Il est composé de plusieurs cours, réparties selon les spécialités. Montaigne faisait partie de la Chambre des enquêtes, mais il préférait voyager, en particulier à la Cour, à Paris, à titre de délégué du Parlement.

Administrer, étudier, et fonder sa «librairie» : c'est à quoi Montaigne, désormais, veut consacrer sa vie

Le jour de son anniversaire, le 28 février 1571, il prend une décision et la fixe dans une sorte d'inscription solennelle et un peu pompeuse, écrite en latin : «L'an du Christ, à l'âge de trente huit ans, la veille des calendes de Mars, anniversaire de sa naissance, Michel de Montaigne, depuis longtemps déjà ennuyé de l'esclavage de la cour, du parlement et des charges publiques, se sentant encore dispos, vint à part se reposer sur le sein des doctes vierges, dans le calme et la sécurité; il y franchira les jours qui lui restent à vivre. Espérant que le destin lui permettra de parfaire cette habitation, ces douces retraites paternelles, il les a consacrées à sa liberté, à sa tranquillité et à ses loisirs.»

Il abandonne les affaires (*negotium*) pour le loisir (*otium*); mais cela ne signifie nullement, ni qu'il se met en vacances, ni qu'il prend sa retraite. Il change seulement de vie et se consacre désormais tout entier, d'une part à l'administration de son domaine, d'autre part à l'étude. Il aménage une tour de son château : au rez-de-chaussée la chapelle, au premier étage la chambre, au second la bibliothèque «librairie». Ni trop luxueux, ni trop austère, c'est un lieu idéal, à la fois près des autres et retiré, où il entasse les livres de La Boétie et les siens. Tout est prêt pour qu'il se mette au travail. Montaigne va entrer en littérature – ou en réflexion – comme d'autres entrent dans les ordres.

Pour se donner du courage dans l'entreprise, il fait graver au plafond toute une série de formules, proverbes, maximes grecques ou latines, citations de sages, une sorte de collection un peu hétéroclite de préceptes. «Notre esprit erre dans les ténèbres, aveugle il ne peut discerner le vrai» (Michel de L'Hospital) ou «Nul homme n'a su ni ne saura rien de certain» (Xénophon), sont des formules en apparence tout à fait illogiques puisqu'elles affirment qu'on ne peut affirmer, elles rappellent qu'on ne peut savoir. Mais en même temps, elles incitent à la réflexion : elles énoncent un jugement sur les conduites et les pensées humaines. D'où l'espoir que soit préservée la capacité de distinguer entre le vrai et le faux, le bien et le mal. Au milieu de la confusion des guerres civiles, cela réconforte et donne du courage. On n'a jamais assez de soutiens avec soi quand on décide de se lancer dans une entreprise insensée : or quoi de plus insensé que de chercher ce qu'il y a de certain dans l'ensemble des pensées humaines, ce qui possède assez de force pour résister à la mort ?

Des deux tours d'angle du château, l'une fut réservée à sa femme, Françoise de la Chassaigne; dans l'autre, au deuxième étage, Montaigne installa sa librairie, au-dessus de la chambre et de la chapelle.

La tour de Montaigne

De la terrasse du château on surplombe la campagne environnante, une large vallée aux pentes couvertes de vignes. De sa tour, Montaigne domine son domaine et «commande à son ménage».

«Je suis sur l'entrée et vois sous moi mon jardin, ma basse-cour, ma cour, et dans la plupart des membres de ma maison. Là, je feuillette à cette heure un livre, à cette heure un autre, sans ordre et sans dessein, à pièces décousues; tantôt je rêve, tantôt j'enregistre et dicte, en me promenant, mes songes que voici.**»**

III, III

La librairie

"C'était au temps
passé le lieu le plus
inutile de ma maison.
Je passe là et la
plupart des jours de
ma vie, et la plupart
des heures du jour. Je
n'y suis jamais la
nuit.(...) C'est là mon
siège. J'essaie à m'en
rendre la domination
pure et à soustraire ce
seul coin à la
communauté, et
conjugale, et filiale, et
civile.**"**   III, III

Au premier étage
est «une chambre
et sa suite, où je me
couche souvent, pour
être seul». La pièce
est confortable,
pourvue d'une vaste
cheminée, de deux
fenêtres. Les murs en
étaient autrefois
richement peints.

A la place des
décorations
habituelles, Montaigne
avait fait inscrire sur
les poutres du plafond
de la librairie un choix
de maximes parfois
reprises dans les
Essais: : «Cognoscendi
studium homini dedit
Deus, ejus torquendi
gratia» (le désir de
connaître a été donné
par Dieu à l'homme
pour son supplice),
tirée de l'Ecclésiaste,
ou encore : «Homo
sum, humani a me
nihil alienum puto»
(Je suis homme, rien
de ce qui est humain
ne m'est étranger),
extrait de Térence.

Il me faut tout reprendre depuis le commencement. Quitter le Parlement me permet de revenir vivre sur mes terres, de ne pas me laisser distraire par les affaires politiques ou judiciaires, bref de me consacrer à l'essentiel : y voir clair, faire l'essai de la raison humaine. C'est-à-dire prendre un peu de recul au milieu de la confusion générale, prendre le temps de considérer les choses tranquillement.

CHAPITRE III
LE TEMPS DE LA RÉFLEXION

D'un côté la paix des livres, la quiétude de la retraite, la sérénité des bibliothèques; de l'autre les violences actuelles, le désordre et la mort. Sagesse ou folie, comment les concilier?

[manuscrit autographe]

Ce n'est pas une «retraite» inactive; tout au contraire, le refuge aménagé dans une tour d'angle du château va se transformer en chantier, en un lieu où lentement, pendant près de dix ans, avec une attention minutieuse et ironique, je vais examiner avec soin ce qu'on appelle les idées reçues, les valeurs établies.

L'endroit est parfait : au rez-de-chaussée une chapelle, au premier étage une chambre ronde avec une petite pièce attenante, puis au-dessus ce que j'appelle ma librairie, avec assez d'espace pour marcher, car la pensée chez moi va avec les jambes — j'ai besoin de marcher, si je reste immobile mon esprit s'assoupit. Il y a trois grandes fenêtres par où l'on voit la campagne; une petite pièce exposée au sud s'ouvre à droite en haut des marches, avec une cheminée où l'on fait du feu l'hiver. Les livres sont rangés sur cinq rayons qui courent le long des murs, mes jours se passent au milieu d'eux; tantôt l'un, tantôt l'autre, je les feuillette un peu comme ils se présentent, sans ordre et sans dessein, plus pour nourrir la réflexion que pour traiter un sujet particulier. Quelques remarques, des réactions, jetées sur le papier, s'entassent lentement sous forme de notes brèves soit dictées à un secrétaire, soit transcrites, le tout sans aucune prétention au savoir, mais davantage par curiosité, pour en avoir comme on dit le cœur net. Et cela demande aussi bien la solitude que le temps de la réflexion.

Tenir ma place de gentilhomme...

Ce n'est pas pour autant une retraite absolue, un cloître, mais plutôt un refuge privilégié à l'écart des soucis domestiques, des relations familiales, et surtout des troubles extérieurs.

ndes
rs nerfs
nt les
ele' qui

La France est ainsi faite qu'un gentilhomme sur ses terres jouit d'une autonomie si grande que la loi du roi et sa souveraineté le touchent à peine deux fois dans sa vie; et s'il sait se maintenir dans les limites de son domaine avec assez de prudence pour éviter les querelles de voisinage et les procès avec les intendants royaux, il est aussi libre que le duc de Venise. Naturellement, cette solitude est relative : il faut s'occuper de gérer les terres (même si je n'ai pas beaucoup de goût ni de compétence pour cela), il faut tenir son rang et recevoir la noblesse des environs, et aussi se montrer de temps en

La guerre n'est pas générale ni incessante. Partout en fait la vie quotidienne va son train régulier, au rythme des saisons, ponctuée par des fêtes simples et des réjouissances habituelles. Ici, la population d'un quartier est assemblée pour la plantation d'un orme, alors considéré comme un arbre sacré.

temps aux côtés des grands, avec toutes les tentations et les plaisirs de vanité qui accompagnent presque inévitablement la fréquentation du pouvoir. J'ai ainsi été décoré de l'ordre de Saint-Michel, dont je rêvais quand j'étais jeune; c'était alors une distinction rare dans la noblesse et une marque d'honneur. Je vois clairement aujourd'hui que cette décoration est devenue commune, et le plaisir éprouvé ne m'a pas rendu aveugle pour autant.

Je garde un rêve de noblesse, toujours présent même si je parviens à m'en moquer parfois. Je suis fier de mon blason, d'azur semé de trèfles d'or, à une patte de lion de même, armée de gueules, mise en fasce, et pourtant je sens bien la vanité et des armoiries et de la satisfaction que j'en tire.

J'ai pu me rendre compte assez vite que je n'étais pas fait pour parvenir à la Cour — manque de souplesse sans doute — et que j'avais meilleur compte à me tenir tranquille.

Les armoiries sont la marque de la noblesse à laquelle les magistrats, ou noblesse de robe, eurent peu à peu accès. Montaigne, tout à la fois magistrat et gentilhomme campagnard a son propre blason (ci-dessus).

... tout en gardant ma liberté

Moyennant ces quelques obligations sociales, on peut préserver sa liberté. Il faut encore, et c'est plus difficile, savoir comment se protéger de la violence des guerres civiles. Dans un temps aussi déraisonnable, les calculs sont toujours aléatoires; par une sorte de pari un peu fou, j'ai décidé de laisser le château ouvert, sans garde ni protection armée, puisque toute garde porte visage de guerre. C'est une décision heureuse puisque le domaine va, pendant trente ans, échapper aux violences. Voilà donc le cadre où je me tiens, à la fois suffisant et modeste.

Il me convient tout à fait. Je ne suis pas bâti pour les commandements et les charges. D'une taille un peu au-dessous de la moyenne, il me manque la prestance corporelle qui confère une autorité naturelle. Plutôt épais de corps, je suis malhabile à tous les exercices aussi

bien physiques qu'artistiques, et gauche au point
que mon écriture est à peine déchiffrable. Bref
tout le contraire de mon père qui étonnait tout le
monde par son adresse et sa vivacité. Pire encore,
je ressens une sorte d'engourdissement devant
l'effort, et ne parviens à faire les choses
que quand elles me plaisent.
Pourtant, une fois l'entreprise
commencée, je ne l'abandonne
pas facilement.

Au milieu de mes livres, il s'agit d'y voir clair dans la confusion générale

C'est plus facile à dire qu'à
faire : comment s'y prendre,
dans une aussi grande solitude,
pour échapper aux illusions,
aux façons habituelles de voir les
choses, aux complaisances?
C'est là qu'un ami serait
indispensable. Etienne de La Boétie
est mort, il était homme d'une telle
qualité (une âme à la vieille marque comme on
dit) que j'ai peu de chances de rencontrer
quelqu'un de sa valeur. Il ne reste que les livres.
Il faut s'appuyer sur eux, tout en sachant qu'ils
sont sujets à caution — sans vouloir offenser
l'autorité reconnue et respectée. Ils ont un
avantage irremplaçable, c'est qu'ils sont toujours à
portée de la main, et cela suffit; il n'y a même
pas besoin de les ouvrir pour se sentir réconforté.
Savoir qu'ils sont là, disponibles, apaise tous les
désarrois, et même efface le temps qui passe si
douloureusement.

A quoi peuvent bien servir des livres? Depuis
soixante ans que la culture antique a été remise à
l'honneur, on a fabriqué bien des recueils de
maximes tirées de sages grecs ou latins, Erasme le
premier. Voilà réuni dans un volume maniable
un ensemble de formules simples qui paraissent
proposer des solutions raisonnables aux différents
problèmes de l'existence : tant dans la vie

Les livres disent
autant de
mensonges que de
vérités, ils durent à
peine plus que les
songes les plus
étonnants. Ils obligent
à une attention très
particulière quand on
les lit : cela s'appelle
l'esprit critique. Mais
tant de récits et
d'anecdotes rendent
un peu désabusé et,
disons-le, sceptique ou
même méfiant.

publique, civile ou militaire, que dans les affections privées, peurs, douleurs, erreurs de jugement ou crainte de la mort. Il n'y a pas que des formules, on réunit aussi une collection considérable d'anecdotes, d'exemples historiques,

La «librairie» comptait, à ce que Montaigne assure, mille volumes. La plus grande partie en a disparu, et seuls quelques ouvrages ont été retrouvés, munis de sa signature. On a tenté d'en reconstituer le catalogue à partir des *Essais*. Y figurent les classiques, Aristote, Platon, Xénophon, Plutarque, Philon d'Alexandrie, pour les Grecs; Lucrèce, Tite-Live, Plaute, Térence, Pline, Sénèque et les poètes, Horace, Juvénal, Tibulle, Properce, pour les Latins. Parmi les contemporains, Montaigne possède surtout des livres d'historiens, de juristes et des récits de voyages, Lopez de Gomara (*Histoire générale des Indes occidentales*, qu'il cite 93 fois) et Gonçalez de Mendoza (*Histoire du grand royaume de la Chine*).

de récits d'événements curieux et piquants comme l'histoire du banquet où l'on compta cent dix convives du même nom (Henry, duc de Normandie et fils d'Henry II, roi d'Angleterre, assembla cent dix chevaliers du nom de Guillaume), ou ce banquet où l'empereur Geta ne fit servir que des plats commençant par la lettre M... Et tant d'autres récits extraordinaires qui montrent l'incroyable diversité de la nature humaine, la souveraine puissance du hasard. Tous ces exemples enregistrés dans la tradition, ces prodiges et ces observations, rendent plus relatives les atrocités contemporaines et donnent un peu de courage pour supporter la folie meurtrière de l'histoire présente.

Pourtant, le pire est encore à venir : la Saint-Barthélemy

En août 1572, on célèbre à Paris les noces du cousin de Charles IX, Henri de Navarre (le futur Henri IV), et de Marguerite de Valois (sœur du roi, et, comme lui, fille de Catherine de Médicis) : les princes protestants sont rassemblés. Le pouvoir, qui les soupçonne de vouloir s'allier avec Louis de Nassau pour délivrer les Pays-Bas de la tyrannie espagnole, décide de les éliminer. Le 24 août, c'est le massacre de la Saint-Barthélemy; à Paris, près de 3 000 victimes; la terreur se répand en province. C'est l'horreur, un véritable

Les épousailles d'Henri de Navarre et de Marguerite de Valois, décidées par la reine mère, devaient être l'occasion de fêtes grandioses. A la place, ce fut l'horreur.

cauchemar, indicible. Je suis à Montaigne, en sécurité, on assassine Coligny à Paris. Quelle différence entre lui et moi? de quoi est-il coupable? de ne pas mettre le même sens dans cette fameuse syllabe «Hoc»?

Dans ma famille même, mon frère et mes sœurs sont protestants : au nom de quelle folie décider de leur mort? Cela m'incite encore davantage à me tenir à l'écart de la vie publique et à vivre pour moi autant qu'il est possible, en l'occurrence, poursuivre obstinément l'inventaire de la sagesse et de la déraison humaine.

Comment les événements se sont enchaînés? Déception des protestants, intolérance ou bien animosité personnelle de Catherine contre Coligny, soupçon d'un complot, faiblesse de caractère chez Charles IX, volonté de puissance chez Guise, tout cela s'est combiné dans un engrenage tragique.

La folie meurtrière se déchaîne le 24 août 1572. L'une des premières victimes est l'amiral de Coligny, l'un des chefs du parti protestant, qui avait échappé à un attentat deux jours plus tôt. Il y avait ces jours-là plus de 700 gentilshommes protestants à Paris. La reine Catherine de Médicis, redoutant un coup d'Etat, prit les devants et, en accord avec l'effervescence du parti catholique à Paris, décida de profiter de l'occasion pour se débarrasser des protestants. Ce fut un carnage épouvantable. Le tableau montre le château du Louvre où les soldats entrent pour massacrer les princes protestants; sur la droite, par la fenêtre du bâtiment, on a jeté le cadavre de Coligny : le duc de Guise vient le reconnaître. La Seine charrie des cadavres qu'on y jette par charrettes. Sur la gauche, on distingue la Sainte-Chapelle et les portes de la Conciergerie.

L'hiver 1572-1573 est extrêmement rigoureux; la Garonne gèle à Bordeaux et la famine s'ajoute aux calamités de la guerre

Une profonde tristesse règne partout, proche du désespoir; et seules ces pages qui s'accumulent me consolent un peu. La lecture n'est plus la seule occupation réelle des journées, la confection des petits chapitres où je regroupe par thèmes des citations, des anecdotes et quelques réflexions absorbe désormais une part importante de mon temps. Il y en a bientôt une quarantaine, sur des sujets variés; ils sont en général courts, mais parfois une méditation plus développée, plus méthodique commence. Presque toujours cette réflexion montre à quel point les opinions que nous tenons communément pour certaines, ou même seulement raisonnables, reposent sur des idées préconçues et inconstantes, ou absurdes et sauvages : par exemple la justification officielle de la torture dans les procès. Comment imaginer, en effet, que le supplice fasse dire la vérité alors qu'il ne prouve rien d'autre que l'endurance à la douleur. Tout laisse penser qu'on serait prêt à dire n'importe quoi pour y échapper.

Voilà donc que les maximes et les anecdotes rassemblées, au lieu de m'aider à établir des opinions certaines, me conduisent après réflexion à mettre en doute les opinions reçues. Je voulais y voir clair et je vois clairement que tout est confus, sinon absurde.

Montaigne ne travaille pas seulement aux *Essais*; de son écriture hasardeuse, il noircit des pages de notes et de correspondance : ici la page de garde de *la Guerre des Gaules*.

Le livre qui s'écrit peu à peu, jour après jour, apparaît comme un gage d'espoir au milieu des troubles. A lui seul, fragile encore et loin d'être achevé, il apporte la preuve que, malgré les difficultés, le dialogue reste possible dès que l'on accepte de parler.

Les déceptions

La misère est grande dans les campagnes, mais on organise des fêtes splendides pour célébrer l'élection de Henri de Valois au trône de Pologne. La lutte contre les protestants semble sur le point de se terminer : La Rochelle, Montauban, places fortes réformées, se rendent, on pourrait croire à une paix prochaine, c'est tout le contraire. Vaincus militairement, les protestants s'organisent en une véritable fédération. Décidément les individus semblent bien n'avoir aucune prise sur les événements historiques, le destin nous emporte sans que nous y puissions rien.

Les quelques tentatives diplomatiques dont on me charge (entre Henri de Navarre et Henri de Guise) n'ont apparemment guère de succès. Il y a pire : les Réformés publient contre la reine des pamphlets pour protester contre la Saint-Barthélemy, et l'un d'eux, *le Réveil-matin des Français*, contient un notable passage de la *Servitude volontaire*; je le ressens comme une véritable trahison de La Boétie et aussi comme un contresens sur son livre.

J'avais imaginé composer un volume avec mes petits chapitres que je voulais disposer comme un encadrement autour du *Discours de la servitude volontaire* à la façon des peintres qui choisissent le milieu du mur pour y placer l'œuvre la plus élaborée et qui remplissent le vide tout autour avec des figures de fantaisie qu'on appelle «grotesques». Mais les Réformés m'ont devancé, me voici amené à changer mes projets, à différer une publication et à poursuivre mes réflexions. L'hommage que je pensais rendre à la mémoire de La Boétie attendra des temps moins troublés.

Charles IX meurt, laissant le trône à Henri III, sectaire et maladroit. On a le sentiment d'une dégradation générale : rien n'est sûr. Un jour, alors que nous voyagions mon frère Pierre, sieur de la Brousse et moi, nous rencontrâmes un gentilhomme de bonne façon; il était du parti contraire au nôtre, mais rien dans son attitude et ses façons ne laissait soupçonner qu'il était

Les places fortes aux mains des Réformés sont systématiquement assiégées et prises. A la Rochelle (ci-contre), le siège dura du 11 février au 6 juillet 1573 : l'artillerie ne réussit pas à provoquer de brèches suffisantes pour laisser rentrer les assaillants, mais la faim contraignit les Rochelais à se rendre, la flotte anglaise n'ayant pu les ravitailler.

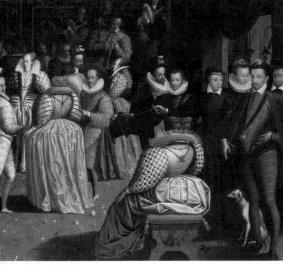

D'un côté la misère dans les campagnes et les hostilités armées, avec toutes les atrocités qui accompagnent ordinairement les guerres civiles. D'un autre, les fêtes de la Cour avec tout le luxe insouciant et la magnificence heureuse d'un petit monde qui ignore (et veut ignorer) la triste réalité.

protestant; il contrefaisait tous les gestes d'un
catholique. Cela dit bien la monstruosité des
guerres civiles où l'ennemi n'est distingué par
aucune marque apparente, mais au contraire
élevé dans les mêmes lois et les mêmes coutumes.
Voilà qui, comme les livres, invite à la plus grande
réserve dans le jugement comme dans l'action.

Les espoirs que j'avais placés dans les livres sont
déçus, l'évolution des événements politiques me
laisse de plus en plus pessimiste. S'y ajoutent les
deuils privés; des enfants qui nous sont nés, une

La confusion gagne.
Chaque parti dit le
droit et rend la
justice; on condamne,
on exécute au nom de
la vérité et de la
religion. Chacun croit
avoir raison, seul.

HAERLEM.

seule fille a vécu, Léonor, et je vois que ma lignée va disparaître avec moi. Sombre tableau. Il faudrait, pour ne pas être triste, pour ne pas éprouver de désespoir, pouvoir faire la part de ce qui est inévitable et de ce qui dépend de nous; j'ai le sentiment de plus en plus net que nous sommes en grande partie responsables de la souffrance que nous éprouvons et des malheurs qui nous arrivent. Il faudrait essayer de voir les choses de façon impartiale, c'est-à-dire aussi sans attentes et sans illusions. L'imagination, l'habitude, la

croyance ou la présomption nous font autant de mal que le hasard ou les phénomènes naturels. Et, en particulier, ce qui cause en ce moment tant de souffrances et de morts : la religion. Je retrouve sur mon chemin ce texte autrefois traduit pour mon père, la *Théologie naturelle* de Raimond Sebond. Plutôt que de sombrer dans la tristesse et le désespoir, je reprends son examen de l'intelligence humaine, de ses capacités et de ses limites. Travail nécessaire en ces temps où notre pays se déchire. Si au moins on pouvait arriver à une sorte de trêve...

Alors que tout semble s'apaiser, je demeure bien peu optimiste...

Dans cette année 1576, on conclut une suspension des hostilités, la «Paix de Monsieur», appelée encore édit de Beaulieu. La Saint-Barthélemy est condamnée, Coligny réhabilité, on revient aux dispositions tolérantes de l'édit de Janvier, tous les espoirs sont permis.

Raimond Sebond est un théologien né à Barcelone et mort à Toulouse en 1432. Sa *Théologie naturelle*, traduite en français dès 1519, connut un vif succès. A la demande de son père, Montaigne en avait achevé une nouvelle traduction. Sebond s'efforce d'accorder la foi et la raison, en exposant les preuves rationnelles et intelligibles de l'existence de Dieu. Sous prétexte de défendre ces idées, Montaigne, en fait, attaque systématiquement les thèses qui y sont exposées: suprématie de l'homme dans la création (Montaigne souligne la supériorité des animaux), validité de la raison (il démontre son inconstance et l'absence de fondement).

Les atrocités qu'a engendrées le fanatisme m'incitent à réfléchir davantage, je vois que la raison a bien peu de part dans ce qui est arrivé, et que la confiance que j'avais autrefois dans ses pouvoirs était d'un optimisme illusoire. Par une sorte de défi contre le dogmatisme, contre l'obstination meurtrière, et aussi pour ne pas oublier moi-même qu'il vaut mieux douter d'une chose apparemment sûre que de croire sans examen, j'ai fait frapper à mon effigie une médaille : elle montre une balance dont les deux plateaux en équilibre figurent la difficulté de juger et l'incapacité où nous sommes de choisir un parti plutôt qu'un autre. J'y ai fait graver la devise que j'ai adoptée : «Que sais-je?» J'en suis venu à penser que la certitude – l'impression de certitude – est la marque la plus certaine de déraison : c'est au nom des certitudes qu'on persécute, qu'on torture, qu'on massacre. Et c'est mettre son opinion à bien haut prix que d'en faire cuire un homme tout vif; la mort est assez vigilante, elle n'a pas besoin que nous allumions les bûchers. Si bien que les grandes maximes vertueuses auxquelles je m'étais raccroché depuis six ans me paraissent raides, et finalement suspectes.

Je sais bien qu'il est dangereux de se mêler de questions de théologie, les autorités religieuses ne plaisantent pas; mais après tout, je ne suis pas moine ni professeur, simplement un gentilhomme particulier; et tout en acceptant d'avance avec soumission les décisions de la censure, je me risque pourtant à essayer de comprendre par mes propres moyens ce qu'il en est de l'homme, de la nature, du langage, de la connaissance. Il ne faut pas beaucoup chercher pour découvrir cette évidence : à n'importe quelle opinion, aussi certaine qu'elle paraisse, on peut en opposer une autre, tout aussi certaine. Si l'on y réfléchit un peu, c'est tout à fait compréhensible, tant est grande la diversité des individus, et tant un même individu change d'une époque à une autre. Sans compter qu'une rage de dents ou un cor au pied modifient notre humeur et toute notre manière de voir le monde.

Influencé par la lecture de Sextus Empiricus, philosophe grec du IIᵉ-IIIᵉ siècle qui a rassemblé la plupart des textes de la doctrine sceptique, Montaigne choisit comme devise «Que sais-je?», une maxime qui exprime son doute devant les connaissances et la raison humaine.

Parfois, quand je me relis, je ne retrouve même pas le sens de ma première pensée, et à la place d'un ordre raisonnable, je ne vois guère que le hasard et la confusion, dans mes essais comme dans le monde. La vérité dont nous rêvons, qui serait immuable et certaine, peut-être existe-t-elle, mais nous ne la connaissons pas et ne pouvons la connaître, tout simplement parce que nous apprenons les choses par nos sens et qu'ils sont faibles et trompeurs. Si on me met dans une cage en haut des tours de Notre-Dame, je vois bien par raison évidente qu'il est impossible que je tombe, et pourtant j'ai le vertige, la vue de cette hauteur m'épouvante. Ce sont les impressions qui nous donnent nos pensées et nous ne pouvons sortir hors de nous pour en juger.

L'édit de Janvier 1562 réglementait la pratique du culte protestant. Sous Henri III, la liberté des assemblées religieuses est encore restreinte : les temples sont fermés.

Assurément la conclusion peut paraître pessimiste, mais à tout prendre, mieux vaut savoir qu'on ne sait rien plutôt que croire connaître ce qu'on ne connaît pas

C'est un long texte que je viens d'écrire, il y manque quelques développements, mais il se tient bien. Donnons-lui pour titre *Apologie de Raimond Sebond* en hommage à la mémoire de mon père. La guerre a repris : le 1er janvier 1577, le roi Henri III a interdit le culte réformé, les opérations militaires ont repris, des escarmouches plutôt, des affrontements isolés. La trêve n'a pas duré bien longtemps, la Ligue

Le temple de Lyon (ci-dessus), nommé Paradis, n'a pour toute décoration que les écussons fleurdelysés des Valois, auxquels les protestants de la ville sont restés fidèles, malgré les persécutions.

catholique a été trop puissante, pas assez toutefois pour l'emporter totalement. On sent bien que la France s'est divisée en trois camps, les trois Henri, Henri III faible et velléitaire, Henri de Guise, audacieux et catholique intransigeant, Henri de Navarre, mon voisin, héritier présomptif de la couronne et huguenot. Je reste à l'écart, peut-être ma réserve pourra-t-elle m'aider à tenir le rôle d'intermédiaire dans des négociations. Les protestants à nouveau vaincus, la paix est signée à Bergerac (septembre 1577) et l'édit de Poitiers (8 octobre) limite leurs libertés, mais de façon tolérable. En novembre, Henri de Navarre m'octroie le titre de gentilhomme de sa chambre. Cette fois, l'accord survenu semble mieux refléter le rapport des forces, peut-être sera-t-il un peu plus durable?

Dès 1563, des associations catholiques ont été créées pour résister aux huguenots, dans le Midi, puis en Guyenne, en Picardie et à Paris. A côté d'une reconnaissance formelle du pouvoir royal, l'autorité réelle était attribuée au chef de l'Union, Henri de Guise, dit le Balafré.

Non par choix mais par urgence deux sujets m'occupent : l'histoire et cette énigme qui est moi

Je lis avec soin et admiration les *Commentaires* de Jules César : quelle clairvoyance extraordinaire, et – à peu d'exceptions près – quelle mesure dans le jugement! Plutarque aussi, comme toujours, et Ammien Marcellin et Jean Bodin, cet excellent auteur de notre temps. Mais à ce moment survient la première attaque sérieuse de la maladie dont souffrait mon père et dont il est mort, la gravelle, ces petites pierres dans les reins et dans la vessie qui provoquent une douleur si insupportable que cela me laisse sans aucune force. Cette souffrance m'éprouve au moment exact où, par la pensée, j'étais arrivé à cette

Ce mouvement, très puissant, était bourgeois, populaire, extrêmement attaché aux libertés locales et ultra-catholique. Les manifestations de la Ligue comprenaient entre autres des prédications et des défilés.

évidence qu'on ne saurait sortir de soi. La gravelle vient me démontrer que c'est douloureusement vrai.

Me voici donc atteint d'une maladie contre laquelle les médecins semblent impuissants. Il est vrai que la médecine ne m'inspire ni confiance ni considération, les observations dont elle est faite se contredisant d'un médecin à un autre, comme les prescriptions changent d'une école à une autre. J'ai été assez souvent malade et me suis jusqu'à maintenant soigné tout seul sans recourir aux médecins. L'expérience que chacun fait de soi-même me paraît la meilleure voie, et, en outre, il y a du profit à s'étudier.

Je vais à Aigues-Caudes essayer les bains et les eaux, on m'en a dit du bien. La tentative a l'air de réussir, peut-être est-ce simplement une coïncidence, mais au moins je n'ai pris que de l'eau, et non des drogues et des potions. Sans compter que les voyages sont bien agréables, on rencontre de la compagnie et le pays est joli...

Depuis huit ans, j'ai beaucoup écrit, à intervalles réguliers, mais avec assez d'obstination pour avoir maintenant un grand nombre de chapitres. Je ne suis pas faiseur de livres, j'ai mis tous mes efforts à former ma vie, mais elle s'est formée aussi en écrivant les pages qui sont là maintenant, comme ma réflexion s'est aidée des livres que j'ai lus. En somme c'est un portrait de moi que j'ai tracé, en tout cas ces deux dernières années. On y retrouve ma façon simple et naturelle, sans contraintes et sans artifices. Je sais bien que ce n'est pas là ce qu'on voit ordinairement dans les livres, mais j'ai décidé pourtant de faire imprimer ces *Essais* (à compte d'auteur).

Il y aura deux livres, le premier autour de La Boétie – les vingt-neuf sonnets que je dispose au

On ne savait pas bien soigner la «gravelle», ou maladie de la pierre. Des médecins imaginèrent de soulager la souffrance occasionnée par les calculs en leur ouvrant plus largement l'écoulement naturel, remède plus douloureux encore que le mal. Restaient les cures thermales, considérées comme efficaces. C'est le traitement que Montaigne a choisi.

La première édition des *Essais* fut publiée à compte d'auteur chez Millanges à Bordeaux, en 1580. Elle comprend les deux premiers livres et s'ouvre sur un avertissement devenu célèbre.

beau milieu du Livre I –, le deuxième autour de mon père et de la *Théologie naturelle*. Ainsi se trouvent réunies dans mes *Essais* les deux personnes auxquelles je dois le plus. Le volume est prêt au mois de mai. Le 22 juin 1580, je quitte Montaigne pour un long voyage, laissant mon refuge, ma famille et mes livres. Je pars à la découverte.

L e 22 juin 1580 donc, une petite troupe quitte le château avec armes et bagages, pour rejoindre d'abord la cour de Henri III. Le roi, à qui l'on présente les *Essais* tout récemment imprimés, en fait grand compliment. «Sire, répond Montaigne, il faut donc nécessairement que je plaise à votre Majesté puisque mon livre lui est agréable, car il ne contient autre chose qu'un discours de ma vie et de mes actions.»

CHAPITRE IV
LE VOYAGE

"Le voyage me semble un exercice profitable. L'âme y a une continuelle exercitation à remarquer les choses inconnues et nouvelles; et je ne sache point meilleure école, comme j'ai dit souvent, à former la vie que de lui proposer incessamment la diversité de tant d'autres vies, fantaisies et usances."

III, IX

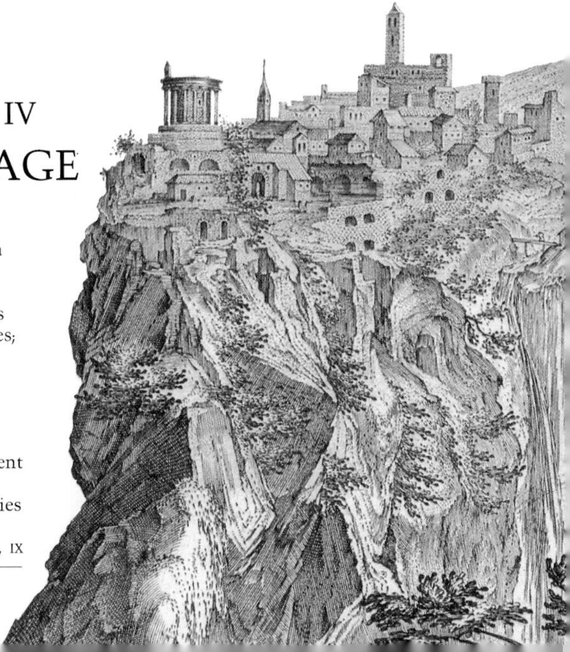

Puis il rejoint l'armée royale qui assiège La Fère
aux mains des huguenots. Philibert de Grammont,
mignon de Henri III, y est tué, et Montaigne
accompagne sa dépouille jusqu'à Soissons. Enfin,
on peut partir vers l'Italie.

La troupe s'est renforcée : Montaigne, son plus
jeune frère Bertrand-Charles, Bernard de Casalis,
son beau-frère, ont été rejoints par Charles
d'Estissac et M. du Hautoy. Quatre jeunes gens de
vingt ans entourent ainsi un homme mûr – il a 47
ans – qui aurait sans doute préféré une compagnie
moins juvénile. «C'est une rare fortune, écrit-il,
mais de soulagement inestimable, d'avoir un
honnête homme, d'entendement ferme et de
mœurs conformes aux vôtres, qui aime à vous
suivre. J'en ai eu faute extrême en tous mes
voyages... Nul plaisir n'a goût pour moi sans
communications.»

Où l'on est reçu avec les honneurs

On part vers Rome, les jeunes gens pour y
apprendre le droit ou l'escrime, Montaigne, lui,
pour voir du pays et se soigner dans les bains.
Chaque matin les serviteurs
chargent les mules, sellent
les chevaux. On chemine
toute la journée, par étapes
de vingt, quarante et même
parfois soixante kilomètres.
Le soir on trouve une hôtellerie,
c'est un peu l'aventure. On
fait connaissance du pays,
des habitants, on s'instruit.
Bien sûr tout cela coûte
cher, mais Montaigne a,
en dix ans de retraite,
accumulé une petite
fortune. Et quel
bonheur de voyager
ainsi, en tournant
le dos aux guerres
civiles! D'autant
que les gens sur le
chemin se montrent

pleins d'égards et de prévenances, et les honneurs
reçus flattent particulièrement la vanité de
Montaigne. Il ne résiste pas au plaisir de faire
peindre ses armoiries dans certains lieux où il
passe, comme à Plombières où il s'arrête onze
jours pour se soulager de la gravelle, ou à
Augsbourg et plus tard, à Lucques et à Pise.

Il remarque particulièrement les cadeaux de
bienvenue, par exemple les artichauts, une
nouveauté très appréciée et réservée aux tables
nobles, envoyés par les religieuses de Remiremont.
Souvent, on l'attend avec un vin d'accueil, comme
à Bâle. A Augsbourg, on les prend pour des barons
et on leur offre en grande cérémonie quatorze
vaisseaux de vin : Montaigne ne détrompe pas ses
hôtes. Tout cela fait bien plaisir à un amour
propre chatouilleux, et compense quelques

Après l'étape du
jour, il faut trouver
une auberge, pour y
faire reposer les
chevaux et les
voyageurs. Tout à la
fois hôtellerie et
cabaret, l'auberge est
un lieu où l'on
rencontre aussi bien
des buveurs que des
personnes de bonne
compagnie. L'arrivée
d'une troupe comme
celle de Montaigne
suscite la curiosité des
habitants et les notables
viennent lui rendre
visite ou l'invitent à
leur table.

rebuffades, comme celle de l'archiduc d'Autriche, Ferdinand, qui refuse de les recevoir à Hall près d'Innsbruck parce qu'il n'aime pas les Français. Montaigne reconnaît volontiers que ces plaisirs sont vains – mais plaisirs tout de même.

Où l'on discute gravement avec des autorités

Autre avantage des voyages, les rencontres. Et d'abord la chance de n'en avoir pas fait de mauvaises, ni brigands, ni accidents (à part le coffre qui s'était défait, il a fallu louer une charrette), ni contre-temps (il fallait passer le Brenner avant la venue de l'hiver).

Mais surtout, très souvent, des conversations passionnantes avec des esprits remarquables : Maldonat, célèbre jésuite espagnol, avec qui on passe la soirée à Epernay; à Bâle, François Hotman, protestant et juriste de grande réputation, qui avait lu et aimé le *Discours de la servitude volontaire*. Montaigne remarque à cette

Augsbourg, estimée la plus belle ville d'Allemagne, était couverte d'églises catholiques et protestantes. Montaigne y admire «une horloge qui se remue au mouvement de l'eau qui lui sert de contrepoids», une immense volière avec «des pigeons de Pologne qu'ils appellent d'Inde». Dans son auberge, on met «des parfums aux chambres et aux poêles» et «l'on sert des pâtés petits et grands dans des vaisseaux de terre de la couleur et entièrement de la forme d'une croûte de pâté».

occasion que les diverses sectes protestantes – luthériens, zwingliens ou calvinistes – ne sont pas moins opposées entre elles qu'elles ne le sont à l'église romaine. Un peu plus tard, à Isny, en Bavière, il a une longue conversation avec un docteur luthérien sur la présence réelle ou symbolique du corps du Christ dans l'hostie; et d'autres discussions encore à Kempten, sur les images et la manière de les révérer sans tomber dans l'idolâtrie.

Pourtant les discussions théologiques, si importantes qu'elles soient pour comprendre mieux la sottise meurtrière des guerres de religion, n'occupent pas tout. A Venise, par exemple, M. du Ferrier, ambassadeur de France, raconte que la République est si constamment soupçonneuse qu'un noble vénitien surpris à parler avec un ambassadeur étranger en devient immédiatement suspect. Curieux usage de la liberté dans un Etat modèle!

La république de Venise constitue au XVIᵉ siècle un modèle de gouvernement et fascine les penseurs par sa longévité. C'est une république aristocratique, ayant à sa tête le Conseil des Dix; le doge, premier magistrat de la ville, élu à vie, ne détient pas de réel pouvoir. Il lui est interdit d'épouser une étrangère, et la même méfiance s'étend à tous les étrangers avec lesquels les contacts sont strictement limités. Toute personne suspecte pouvait d'ailleurs être dénoncée à l'aide d'un simple billet anonyme déposé dans la fameuse *bocca di leone*.

Où l'on va de bains en bains, sans jamais vraiment guérir

L'un des prétextes du voyage, ce fut de se soigner. On va donc de ville d'eaux en ville d'eaux, comparant les mérites respectifs de chacune, tant pour l'efficacité des traitements que pour le confort du lieu, la qualité de l'accueil ou l'agrément du paysage. Il n'est pas très sûr que tout cela serve à améliorer beaucoup la santé, alors autant qu'on y trouve du plaisir. Et les plaisirs de la compagnie valent bien qu'on s'oblige à boire de l'eau ou à prendre des bains.

On y trouve aussi des dames de bonne maison venues là pour se distraire et accessoirement se soigner. A Plombières, Montaigne recopie les règlements des bains, en fait c'est surtout un code de décence. A Bade, c'est la magnificence du logement qui l'impressionne, plus que les vertus curatives des eaux, bien qu'elles soient connues depuis l'antiquité, Tacite en parle dans les *Histoires*. Pour le moment en tout cas on n'y fait pas trop attention. De même à Albano, ou Battaglia où séjourne le cardinal d'Este «pour la commodité des bains, et plus pour le voisinage des dames de Venise».

Où l'on découvre des curiosités

Mais ce que Montaigne adore, ce sont les histoires extraordinaires. Il n'y croit pas nécessairement, mais il les enregistre. «En l'étude que je traite de nos mœurs et mouvements, les témoignages fabuleux, pourvu qu'ils soient possibles, y servent comme les vrais. Advenu ou non advenu, à Paris ou à Rome, à Jean ou à Pierre, c'est toujours un tour de l'humaine capacité duquel je suis

A Plombières, le serviteur note : «la façon du pays, c'est seulement de se baigner deux ou trois fois le jour. Aucuns prennent leur repas au bain (...); s'ils boivent, c'est un verre ou deux dans le bain. Ils trouvaient étrange la façon de Monsieur de Montaigne, qui en buvait neuf verres tous les matins à 7 heures».

utilement avisé par ce récit.» Par exemple cette jeune femme qui décida de se travestir en garçon, gagnait sa vie comme tisserand et se maria avec une femme que cette union rendit apparemment heureuse pendant quatre ou cinq mois; mais elle fut reconnue, condamnée et pendue «pour des inventions illicites à suppléer au défaut de son sexe». Ou encore cette fille de vingt-deux ans, fort poilue, qui un jour fit un violent effort pour sauter et se retrouva garçon – le chirurgien Ambroise Paré en a fait mention dans son livre *Des monstres et prodiges*. Les miracles, dit ailleurs Montaigne, ne sont pas selon la nature, mais selon l'ignorance où nous sommes de la nature. Il y a de quoi s'étonner, mais au fond pas plus que des coutumes les plus communes.

Les façons d'être quotidiennes sont largement aussi fascinantes. On leur sert des écrevisses à chaque repas, depuis Bade en Suisse jusqu'à Rovere en Italie; on conserve le chou salé dans de grandes jarres, mais aussi les raves et les navets; on mêle la viande et le poisson, on boit le vin sans y ajouter d'eau. On voit parfois de curieuses façons de mettre la table : en Italie, pour honorer particulièrement son hôte, on place à côté de son assiette un plateau avec une salière. Au-dessus,

une serviette pliée en quatre; sur elle, on pose le pain, le couteau, la fourchette et la cuiller, puis on recouvre le tout d'une autre serviette.

D'auberge en auberge, les usages changent sans cesse, ici matelas et couette, ailleurs couette sans matelas, plus loin l'inverse. De même les fenêtres, ici vitrées, là non. Ou le costume des femmes, ou

L a crédulité générale est telle que les histoires les plus invraisemblables sont prises pour vraies et peuvent mener aux pires extrémités : une parole de trop, et c'est la prison ou le bûcher.

••Un jeune homme s'était joué à contrefaire la voix d'un esprit, sans penser à autre finesse qu'à jouir d'un badinage présent. Cela lui ayant un peu mieux succédé qu'il n'espérait, il y associa (deux autres compères) et de prêches domestiques en firent des prêches publics, se cachant sous l'autel de l'église, ne parlant que de nuit(...) Ces pauvres diables sont à cette heure en prison.••

III, XI

Il arrive que Montaigne assiste en spectateur au repas d'un grand seigneur. A Florence, il remarque : «on porte à boire à ce duc et à sa femme dans un bassin où il y a un verre plein de vin, découvert, et une bouteille de verre pleine d'eau; ils prennent le verre de vin et en versent dans le bassin autant qu'il leur semble, puis le remplissent d'eau eux-mêmes.» A Rome, au contraire, il est reçu à table par le cardinal de Sens et c'est à lui qu'on présente le bassin d'argent.

la façon de s'aborder, par le côté gauche pour laisser la main droite libre de tirer l'épée, tout est prétexte à la curiosité. Montaigne est tout à fait décidé à se prêter à toutes les expériences, aucune ne lui paraît extravagante, et chaque coutume devient relative.

Il découvre aussi l'ingéniosité de certaines machines, par exemple un puits où l'on tire de l'eau grâce à un système de pédalier, et les seaux se déversent d'eux-mêmes dans un bassin; ou la délicatesse avec laquelle un médecin de Bâle, Félix Plater, est parvenu à fixer les plantes dans les pages d'un herbier. A Schaffhouse, en Suisse, on remarque un arbre taillé de telle façon qu'il est devenu une sorte de grande tonnelle.

Il faut croire que les fontaines ingénieuses, les puits mécaniques et autres machines hydrauliques étaient en France des raretés, car Montaigne ne manque pas une occasion de les remarquer et de les décrire. Il y en a deux sortes essentielles : des mécanismes d'élévation d'eau, d'une part, et des éléments purement décoratifs de l'autre.

A Augsbourg, en Bavière, une fontaine farceuse qui, si on actionne un certain mécanisme, arrose les passants, et aussi une horloge à eau. C'est près de Florence, à Pratolino, qu'on peut admirer le palais que le duc vient de faire construire et surtout, dans le parc, une grotte magnifique avec des statues que le mouvement de l'eau fait se déplacer comme des automates. Montaigne voit une autre fontaine à jeux d'eau dans une villa du duc, à Castello; un mécanisme ingénieusement caché et commandé de loin permet, là aussi, d'arroser les visiteurs par surprise. Plus mystérieux encore, le fonctionnement d'une poterne et d'un pont-levis, à Augsbourg, où toutes les opérations, ouverture, paiement du péage, fermeture des portes, se font sans que celui qui entre voie personne, le tout si bien agencé

A Pratolino, au milieu du jardin, Montaigne admire une fontaine conçue par le sculpteur Jean de Bologne : «Et se bâtit le corps d'un géant qui a trois coudées de largeur à l'ouverture d'un œil, le demeurant proportionné de même, par où se versera une fontaine en grande abondance. Il y a mille gardoirs (viviers) et étangs, et tout cela tiré de deux fontaines par infinis canaux de terre.»

et si sûr que la reine d'Angleterre elle-même a voulu en connaître le mécanisme. Et toutes ces merveilles dont on s'étonne ont des ressorts cachés qui les expliquent; qui sait s'il n'en va pas de même pour les hommes?

Où l'on admire la beauté du monde

Voyager c'est aussi découvrir la beauté des paysages et des villes. La Suisse où les maisons sont presque toutes décorées, la région d'Innsbrück, sa large vallée, les cultures en terrasses, les châteaux et les églises, et les montagnes qui l'enserrent ont particulièrement séduit les voyageurs. Cette harmonie à la fois grandiose et paisible fait oublier l'agitation et les horreurs qu'on a laissées en France. Et l'on va de beauté en beauté : Vérone et son amphithéâtre («le plus beau bâtiment qu'il eût vu en sa vie»),

Le Palazzo Pitti étonnait les contemporains par ses proportions altières et son revêtement en pierres énormes qui le font ressembler à une forteresse. Vendu par ses premiers propriétaires, il devient, en 1550, la résidence des Médicis. Le palais et les jardins Boboli sont représentés ici sur une lunette de G. van Utens (fin XVIᵉ).

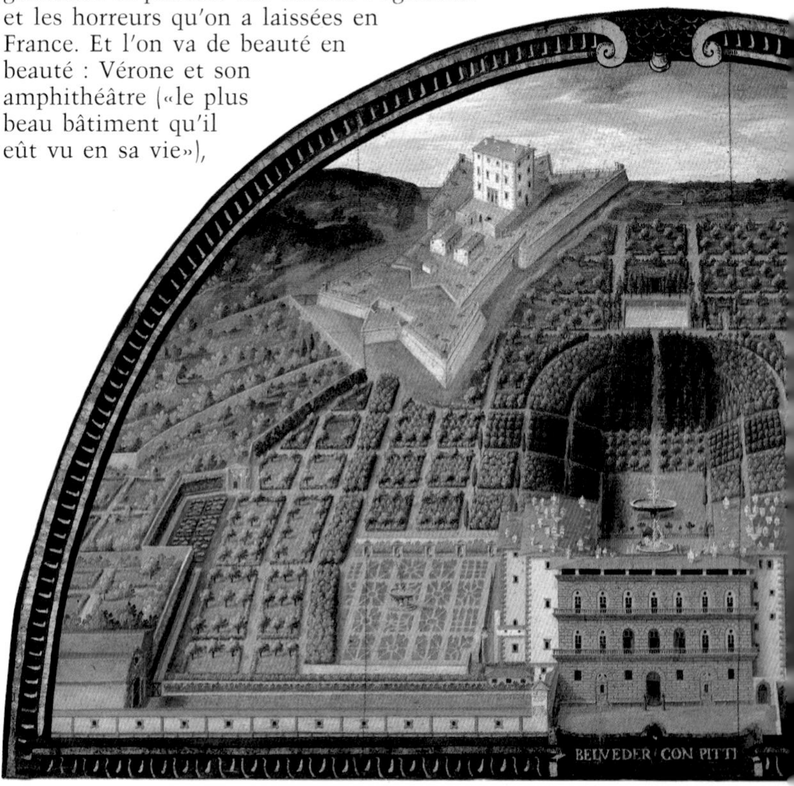

BELVEDER CON PITTI

Vicenze, Venise, Ferrare et Florence et ses collines. C'est un vrai bonheur, comme si on lisait un conte qu'on craint de voir se finir trop vite.

A dire vrai, rien ne plaît tant à Montaigne que de découvrir ce qui lui est étranger, c'est une autre façon de faire connaissance de soi-même. Encore faut-il ne pas rester dans les endroits où des Français se groupent et ne pas refuser de se prêter aux usages nouveaux. Certains se déplacent en semblant se protéger de la contagion d'un air inconnu, et ne se trouver bien qu'entre eux. Tout au contraire, Montaigne ne va pas chercher des Gascons en Sicile, il en a assez laissé chez lui. Il avance à la découverte. Le vrai bonheur, c'est d'apprendre sans cesse.

Où l'on découvre Rome

Le 30 novembre, on arrive à Rome, la ville par excellence, capitale de la chrétienté. Le premier contact n'est pas simple : il faut montrer son certificat de bonne santé – on craint la peste de Gênes – se laisser fouiller par la douane, subir les tracas de l'administration pontificale qui confisque tous les livres pour

La légende veut que, de passage à Ferrare, Montaigne soit allé rendre visite au poète Le Tasse, séquestré dans l'hôpital de Santa Anna, avec les fous. Le poète, en effet, en 1579, s'était laissé aller au milieu des courtisans à toutes sortes d'extravagances et avait même injurié le duc. Il resta interné pendant sept ans au cours desquels il écrivit ses *Dialogues*. Dans les *Essais* (II, XII), Montaigne écrit : «J'eus plus de dépit encore que de compassion de le voir à Ferrare en si piteux état, survivant à soi-même, méconnaissant et soi et ses ouvrages.» Ce face-à-face dramatique a inspiré des artistes du XIXᵉ siècle.

vérifier leur orthodoxie. On est prévenu que les rues ne sont pas sûres la nuit et qu'il vaut mieux laisser son argent chez le banquier; enfin on trouve trop de Français dans les rues, c'est à peine s'il y a besoin de parler italien.

Mais cette déception ne dure pas. La magnificence des cérémonies religieuses est impressionnante. Montaigne assiste à la messe de Noël célébrée par Grégoire XIII et par les cardinaux Farnèse, Médicis, Caraffa et Gonzague. Le 29 décembre, en présence de l'ambassadeur de France, il va baiser la pantoufle du pape et, décrivant minutieusement l'étiquette, il ne peut s'empêcher de croire que le pape a un peu levé son pied pour le dispenser de s'incliner trop bas. Le jeudi saint, sur le portique de Saint-Pierre, il assiste à la lecture d'une bulle d'excommunication. Il y a une grande tenture noire suspendue au balcon, la liste des excommuniés est longue, cela dure une heure et demie. Puis le drap noir est relevé et le pape bénit la foule. Il voit aussi ce qu'on appelle «la Véronique» (*Vera icona*, image véridique), c'est-à-dire la Sainte-Face, cette pièce de tissu qui servit, dit-on, à essuyer le visage du Christ et conserva ses traits. Et surtout, il remarque l'incroyable nombre de gens qui se pressent aux églises en ces jours de Pâques, les processions aux flambeaux et, chose étrange, les pénitents qui se fouettent jusqu'au sang avec des cordes et pourtant ne montrent pas de souffrance. Malgré toute cette ferveur, Montaigne note qu'il y a plus de cérémonie, plus de spectacle, que de dévotion réelle.

Il visite la bibliothèque vaticane, très riche et ouverte à qui veut y consulter. La censure lui rend ses livres : d'abord on lui marque un certain

"Ces jours, se montre la Véronique, qui est un visage ouvragé et de couleur sombre et obscure, dans un carré comme un grand miroir (...) La pompe de Rome et sa principale grandeur est en apparences de dévotion."

Journal de voyage

"La plus noble chose et magnifique que j'ai vue, ni ici ni ailleurs, ce fut l'incroyable nombre du peuple épars ce jour-là dans la ville aux dévotions. (...) Comme la nuit commença, cette ville semblait être tout en feu, ces compagnies, marchant par ordre vers Saint-Pierre, chacun portant un flambeau, et quasi tous de cire blanche. Je crois qu'il passa devant moi douze mille torches au moins."

Journal de voyage

nombre de passages douteux ou suspects, ou carrément on les raye; mais un mois plus tard, on lui dit de ne pas trop sérieusement tenir compte de ces avis. Cette expérience prouve décidément que la religion et l'Eglise doivent se prendre avec prudence et souplesse.

Où l'on cherche la Rome antique...

Rome, ce n'est pas seulement la capitale de la chrétienté; dès l'Antiquité, des gens venus de tout le bassin méditerranéen s'y sont côtoyés, elle a été le centre du monde et le creuset de la civilisation occidentale.

•• Il (Montaigne) criait qu'un ancien Romain ne saurait reconnaître l'assiette de sa ville quand il la verrait. (...) Sur les brisures même des vieux bâtiments, (...) ils ont planté le pied de leurs palais nouveaux. Plusieurs rues sont à plus de trente pieds profond au-dessous de celles d'à cette heure.••

Journal de voyage

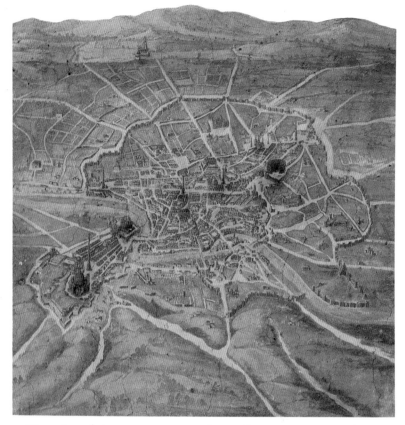

Montaigne, lui, y retrouve son enfance, il connaissait le Capitole et le Tibre avant le Louvre et la Seine.

Dès janvier 1581, il se met sérieusement à l'étude des monuments, avec des livres et des plans le soir (le *Antichità di Roma* de Lucio Mauro), sur le terrain le lendemain. Mais il ne reste guère que des ruines. Encore n'apparaissent-elles pas toutes, car le niveau du sol s'est notablement élevé, comme on peut s'en apercevoir à certains arcs de triomphe à demi enfouis, à certaines colonnes dont on ne voit plus dépasser que le chapiteau.

Sur ce plan de Rome au XVIᵉ siècle, orienté sur un axe nord-est, sud-ouest, alors que le Tibre coule nord-sud, on distingue à gauche le château Saint-Ange et la basilique Saint-Pierre, au centre, le forum impérial et le forum romain, plus haut le Colisée. La peinture de gauche, par Claude Lorrain, montre le forum.

L'espace du forum est si restreint que Montaigne se représente difficilement comment y faire tenir tous les monuments qui pourtant doivent bien y être. Ainsi, de la ville qui a dominé le monde, il subsiste à peine plus qu'une trace dans la terre, comme si les dominés s'étaient vengés en brisant tant de constructions admirables pour effacer les marques de la grandeur. Peut-être est-ce une des leçons de l'histoire, et elle ne manque pas de nostalgie : tout passe, même ce qu'on pensait le plus solidement établi.

Et où l'on trouve la Rome moderne

Le 30 janvier, Montaigne assiste à la plus ancienne cérémonie qui soit parmi les hommes, la circoncision des Juifs. Il note tout avec un soin extrême et notamment le rite de purification qui suit l'opération : le rabbin nettoie la plaie avec sa bouche, ce qui le laisse lui-même tout sanglant. De cette pratique sans doute est née la légende qui fait des Juifs des sacrificateurs d'enfants. Montaigne se contente ici encore d'enregistrer scrupuleusement ce qu'il voit, et cela suffit pour jeter le doute sur une opinion communément répandue.

Tout spectacle, pourvu qu'on le considère avec soin, est matière à réflexion. Un matin, Montaigne sort à cheval de chez lui et croise un condamné à mort, le fameux bandit Catena,

**"Le parrain s'assied sur une table et met un oreiller sur son giron. L'enfant est enveloppé à notre mode; le parrain le développe par le bras,

et lors les assistants et celui qui doit faire l'opération commencent tous à chanter."**

Journal de voyage

L'Italie est aussi le lieu de fêtes profanes somptueuses, par exemple, le Carnaval, au commencement du Carême : «Les femmes ne sont pas masquées, il n'y a nulle comparaison de la richesse de leurs vêtements aux nôtres : tout est plein de perles et de pierreries» ou le samedi saint, veille de Pâques, où «les dames sont ce jour-là en grande liberté, car toute la nuit, les rues en sont pleines, et vont quasi toutes à pied».

Décollation d'un captif.
Anonyme florentin

accusé de cinquante-quatre assassinats. Il assiste à l'exécution, au milieu d'une foule énorme – trente mille personnes, dit-on. Le bandit est pendu, la foule ne manifeste aucune sorte d'émotion. Mais voici qu'ensuite le cadavre est coupé en morceaux; et soudain, la foule se met à pousser des gémissements et des plaintes. «Tout ce qui est au-delà de la mort simple, note Montaigne, me semble pure cruauté.»

Lors des fêtes du carnaval, il se promène dans la ville, remarquant ici les perles sur les vêtements des femmes,

là les danses, plus tard la rapidité avec laquelle on a peint le sol de l'amphithéâtre construit au château Saint-Ange. Partout il va avec un regard à la fois naïf et lucide, refusant de préférer ce qui se fait en France et même tombant parfois dans le défaut inverse.

Où l'on mêle l'antique et le moderne

Montaigne ne reste pas enfermé dans la ville : deux belles excursions le mènent à Ostie puis à Tivoli où il visite la villa d'Este et ses fameux jardins. Il admire les orgues que la pression de l'eau fait jouer, avec ces tuyaux qui imitent le son des trompettes, celui des flûtes, ou le chant des oiseaux; et les jets d'eaux qui retombent en pluies d'arc-en-ciel, et la splendide collection de statues, l'enfant qui s'arrache l'épine du pied, la louve de bronze, le Laocoon, ou, de Michel Ange, le Moïse

Sur les hauteurs proches de Rome, les riches Romains de l'Antiquité avaient leur «villa», telles celles de Mécène ou d'Hadrien à Tivoli. Dans cette même ville, au XVIe siècle, le cardinal Hippolyte d'Este fit construire à grands frais un palais entouré de jardins extraordinaires où les fontaines (il y en avait jusqu'à cent) créaient un spectacle merveilleux.

et les esclaves sculptés pour le tombeau de Jules II.
Se trouvent là réunis l'histoire, le plaisir et la beauté.

Tant de grandeurs et de souvenirs donnent à
Montaigne l'envie d'y avoir sa part. Et le voici qui
emploie «tous ses cinq sens» pour obtenir le titre
de citoyen romain. Non sans mal. Oh! C'est un
titre purement honorifique, pompeux, avec de
grandes lettres dorées, sous la fameuse formule
antique S.P.Q.R. (Senatus Populusque Romanus).

Dans le *Journal de voyage*, Montaigne avoue : «Je recherchai pourtant et employai tous mes cinq sens de nature pour obtenir le titre de citoyen romain, ne fut-ce que pour l'ancien honneur et religieuse mémoire de son autorité. J'y trouvai de la difficulté; toutefois, je la surmontai. L'autorité du pape y fut employée par le moyen de son majordome qui m'avait pris en singulière amitié. (...) C'est un titre vain; tant y a que j'ai reçu beaucoup de plaisir de l'avoir obtenu.»

Montaigne, n'étant citoyen d'aucune ville, se
réjouit d'appartenir à la plus noble de tous les
temps. Mais le plaisir qu'il y prend ne l'empêche
pas de voir aussi le côté ridicule et vaniteux de
cette «bulle authentique de bourgeoisie romaine».
Comme pour les ruines antiques se mêlent ici la
grandeur et la dérision, la gloire et la destruction.

Où l'on se remet en route

A la mi-avril 1581, Montaigne quitte Rome pour
un tour en Toscane, en passant par la côte
Adriatique. L'objectif avoué est d'aller aux eaux
près de Lucques, elles sont réputées, et Montaigne
vient de subir plusieurs crises douloureuses.
Pourtant une fois encore, l'intérêt essentiel, c'est
de voir du pays; et quel pays! varié, plaisant, à
mesure d'homme, au milieu d'une harmonie de
collines, partout le sourire du printemps.

Au livre troisième, chapitre IX des *Essais*, publié en 1588, avant de donner la copie en latin de son titre, Montaigne rappelle l'événement : «Parmi (les) faveurs vaines, je n'en ai point qui plaise tant à cette niaise humeur qui s'en pait chez moi qu'une bulle authentique de bourgeoisie romaine qui me fut octroyée dernièrement que j'y étais, pompeuse en sceaux et lettres dorées, et octroyée avec toute gracieuse libéralité.» Le manuscrit ci-dessus est une traduction du XVIIᵉ siècle.

En route, on collectionne les anecdotes et les sujets de réflexion, surtout à propos des croyances. A Lorette, pèlerinage renommé, Montaigne entend raconter plusieurs miracles à propos desquels il reste très réservé. Il écoute attentivement l'histoire de Michel Marteau, dont la jambe mangée par la gangrène avait été déclarée perdue, et qui se voit guéri après un passage à la chapelle de Notre-Dame. Il rapporte, sans s'en moquer, la légende qui veut que la maison du Christ à Nazareth ait été transportée d'abord en Sclavonie (Illyrie ou côte Adriatique), puis à Lorette; mais il se garde bien d'ajouter un mot personnel.

Les croyances méritent-elles qu'on aille jusqu'à se battre pour elles? Des religieux le font, à coups de chandeliers et de bâtons dans l'église Saint-François-de-Pise, pour savoir qui, des prêtres ou des moines, a droit d'y célébrer la messe; le sang coule dans l'église, c'est un grand scandale. Montaigne enregistre les faits, scrupuleusement.

Plus tard, près de Viterbe, il note, sans aucun commentaire, le récit d'un miracle survenu cent ans plus tôt : un homme attaqué par des voleurs se réfugia sous un chêne au pied duquel il y avait une peinture de la Vierge; il devint miraculeusement invisible et fut ainsi délivré du danger. On a bâti une église sur l'emplacement.

Là encore Montaigne prend note et reste sur la réserve.

Où l'on passe des bains aux affaires

Il est venu pour les bains, se soumet avec minutie et ponctualité à ce qu'on lui conseille de faire; quelquefois pourtant, il en fait à sa tête, mélange un peu, selon son humeur. La santé n'est pas brillante, aucune amélioration notable ne se produit. Il est vrai que les médecins s'opposent les uns aux autres avec d'autant plus de force qu'ils ont moins de raisons.

Un marchand de Crémone observait religieusement ce qu'on lui prescrivait, mais il ne se trouva jamais deux médecins pour se mettre d'accord. Montaigne lui aussi se trouve entre

••Le lieu de la dévotion, c'est une petite maisonnette fort vieille et chétive. Là se voit, au haut du mur l'image Notre-Dame, faite, disent-ils, de bois. Tout le reste est si fort paré de vœux riches de tant de lieux et princes qu'il n'y a jusques à terre pas un pouce de vide qui ne soit couvert de quelque lame d'or ou d'argent.••

Journal de voyage

Donati et Franciotti, qui rédigent des ordonnances contraires. Lequel croire? Un vieillard rencontré le 10 septembre près de Lucques donne crûment son avis : les bains sont plus nuisibles que salutaires, il meurt aux bains plus de personnes qu'il ne s'en guérit, et ces pratiques seront bientôt abandonnées. A-t-il raison? En somme, la médecine dépend de l'observation attentive et méticuleuse d'un organisme, et le mieux placé en l'occasion est encore le malade. Montaigne tient une sorte de registre de ce qu'il boit, des bains qu'il prend, et des effets constatés, non sans se moquer de lui-même parfois : «C'est une sotte coutume de compter ce qu'on pisse» écrit-il. Plus l'expérience avance, plus il en arrive à ne se fier qu'à lui-même.

Le 7 septembre 1581, il reçoit de Bordeaux une lettre : il a été élu maire de la ville. Les vacances sont terminées. Montaigne retarde encore autant qu'il peut le moment du départ, passe du temps avec l'ambassadeur de France, Paul de Foix, avec le cardinal de Sens mais, pour finir, le 15 octobre, il prend le chemin du retour, laissant à Rome les jeunes gens qui l'avaient accompagné. Plus il se rapproche de chez lui, plus la longueur du chemin lui paraît ennuyeuse. Enfin, le 30 novembre, le voici à Montaigne, après un voyage de dix-sept mois et huit jours.

Dans l'église de Lorette, le 25 avril 1581, Montaigne réussit, malgré l'exiguïté du sanctuaire, à placer un ex-voto : «Un tableau dans lequel il y a quatre figures d'argent attachées, celle de Notre-Dame, la mienne, celle de ma femme, celle de ma fille. Au pied de la mienne, il y a, sculpté sur l'argent : *Michael Montanus, Gallus Vasco, Eques regii Ordinis,* 1581.»

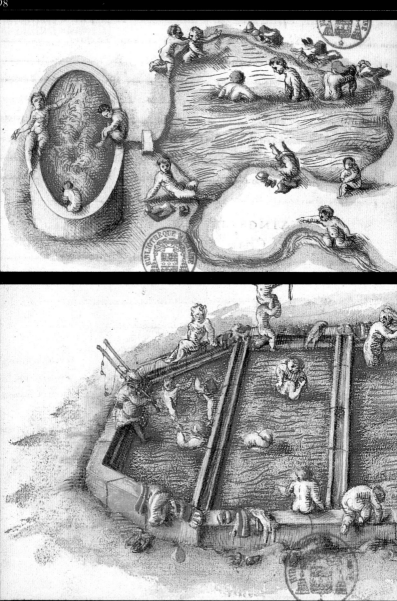

Comment croire aux bains?

L'objet premier du voyage reste de se soigner. Montaigne note avec scrupule et de façon souvent fastidieuse le nombre de verres qu'il boit.

❝Je pris 8 livres d'eau en huit verres; j'en rendais presque toujours en trois heures la moitié, crue et dans sa couleur naturelle, puis environ une demi-livre rousse et teinte. (...) Alors je rendis ma pierre non sans douleur ni effusion de sang. Elle était de la grandeur et longueur d'une petite pomme ou noix de pin, mais grosse d'un côté comme une fève, et elle avait exactement la forme du membre masculin. Ce fut un grand bonheur pour moi d'avoir pu la faire sortir.**❞**
Journal de voyage

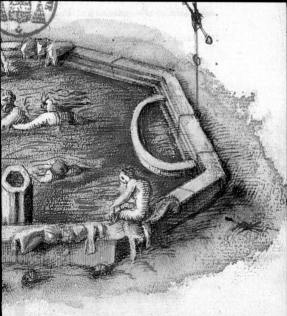

La santé ou les plaisirs

Il arrivait que les bains soient mixtes, d'où la nécessité d'une réglementation assez stricte. Ainsi, à Plombières, était affiché un grand tableau en deux langues, allemand et français, signé du bailli des Vosges.

**"Inhibition est faite à toutes personnes, de quelle qualité, condition, région et province qu'elles soient, se provoquer de propos injurieux et tendant à querelle, porter armes ès dits bains (...) à peine d'être punis grièvement comme rebelles et désobéissants à Son Altesse.

Aussi, à toutes filles prostituées et impudiques, d'entrer aux dits bains, ni d'en approcher de 500 pas, à peine du fouet aux quatre coins des dits bains (...).

Sous même peine, est défendu à tous user envers les dames, damoiselles et autres femmes et filles, étant aux dits bains, d'aucuns propos lascifs ou impudiques, faire aucuns attouchements déshonnêtes, entrer ni sortir des dits bains irrévéremment contre l'honnêteté publique."**

Les jurats de Bordeaux m'ont élu maire de la ville. D'abord j'ai pensé refuser, mais on m'a fait comprendre que je n'avais pas le choix. J'ai trouvé à mon retour une lettre sans équivoque du roi Henri III : il faut obéir. Je me présente donc devant ces messieurs, je leur dis tout de suite comment je me sens être, avec mes défauts et mes qualités : sans mémoire, sans expérience, et sans vigueur; mais aussi sans haine, sans ambition et sans violence.

CHAPITRE V
L'ACTION ET LA PENSÉE

Le retour aux affaires impose un apparat que la vie retirée et les voyages avaient rendu peu nécessaire. Sur un costume de cérémonie, Montaigne porte le collier de l'ordre de Saint-Michel.

Je sais qu'ils m'ont élu surtout par fidélité à la mémoire de mon père. Je ne me sens pas capable, comme lui, de me passionner pour les affaires publiques mais je ferai ce que je pourrai pour m'adapter aux situations.

La position est particulièrement délicate : le parti ligueur est puissant, et Henri de Navarre tout proche. Il faut ménager les uns et les autres pour éviter les affrontements et les risques de déchirement.

Le maire est élu pour deux ans, la charge est avant tout honorifique, elle n'est pas rémunérée. Il préside aux cérémonies officielles, comme l'installation de la chambre de justice prévue pour arbitrer les conflits entre les communautés religieuses. Il peut aussi jouer un rôle important pour défendre les droits de la ville face aux abus de pouvoir des gouverneurs. Heureusement nous

La ville de Bordeaux est administrée par des jurats cooptés parmi les bourgeois. Tous les ans, chaque jurat désigne deux prud'hommes dans son quartier; prud'hommes et jurats élisent alors les nouveaux magistrats municipaux. Les candidats doivent appartenir au corps des bourgeois de la ville, avoir au moins 25 ans et posséder une maison d'une valeur de mille livres bordelaises.

sommes dans une période de calme et je peux passer du temps chez moi à m'occuper de mes affaires – elles en ont besoin.

C'est d'ailleurs en prenant prétexte d'un terrain qui m'appartient près du Château-Trompette que le parti ligueur me crée des ennuis ; je souhaitais y faire construire et j'avais obtenu l'accord des jurats, mais Vaillac, gouverneur du Château-Trompette et ligueur convaincu m'accuse de préférer mon profit particulier au bien général ; en réalité, les soldats considèrent tous les alentours comme leur propriété et, en outre, Vaillac est candidat à ma succession. Nous sommes en mai 1583, mon mandat de maire se termine le 31 juillet : le parti de la Ligue essaie ainsi de me déconsidérer.
Malgré cela, je suis réélu pour deux ans qui vont être nettement moins calmes que les deux années précédentes.

Parmi les terres reçues en héritage de Pierre Eyquem, Montaigne disposait non seulement du château, mais d'un terrain situé non loin du Château-Trompette. Sur ce dessin, on distingue, au centre, les murs de la forteresse ; à droite, les premières maisons du faubourg des Chartrons et, à l'arrière-plan, le sommet de divers édifices, notamment la tour Pey-Berland et les flèches de la cathédrale.

Une gestion difficile

La misère est grande, et les impôts mal répartis : on exempte des riches qui pourraient payer et on charge les pauvres qui sont indigents. Nous rédigeons un long texte à l'adresse du roi, une remontrance, pour lui proposer des mesures, et en particulier l'application d'un édit de Charles IX qui faisait obligation à chaque paroisse de nourrir les pauvres.

D'autre part, la liberté des réformés est limitée par des tracasseries auxquelles Henri de Navarre réplique : il mène une série d'actions en Guyenne et s'empare de Mont-de-Marsan. Il faut empêcher le conflit d'éclater ouvertement, je m'y emploie avec un certain succès en servant d'intermédiaire entre Navarre et le maréchal de Matignon, gouverneur de la province de Guyenne.

Il y a aussi le phare de Cordouan qui menace ruine à l'embouchure de la Gironde; or c'est lui qui permet l'entrée de tout le trafic de Bordeaux. Il faut réunir les fonds pour le reconstruire. Louis de Foix, architecte du roi, est désigné pour cette œuvre de longue haleine.

Mais ces préoccupations locales se trouvent reléguées au second plan par la mort du duc d'Anjou, frère du roi : Henri de Navarre devient l'héritier présomptif de la Couronne.

Or, il est protestant. On ne l'acceptera pas, il faut donc s'attendre à des difficultés. En décembre, il vient me voir à Montaigne et y dort dans mon lit; on a pu loger au château les princes

Émus par la pauvreté générale, les jurats et Montaigne écrivent au roi : «On ne voit par les villes et champs qu'une multitude effrénée de pauvres». Ils proposent que «les prieurs des hôpitaux, lesquels sont la plupart de fondation royale, soient contraints, sur peine de saisie de leur temporel, nourrir et héberger les pauvres».

Les institutions charitables de l'Eglise, comme les œuvres de Miséricorde qui se chargeaient de vêtir les indigents et s'occupaient des orphelins (gravure ci-contre), donnaient parfois lieu à des abus. A Bordeaux, en mars 1582, éclate l'affaire du Prieuré-Saint-James, hospice pour enfants trouvés : les nourrissons étaient affamés, les nourrices sous-payées et les registres falsifiés. Montaigne et les jurats placent ces institutions sous contrôle de la municipalité.

et seigneurs de sa suite sauf une dizaine qui vont coucher au village. Je lui fais élancer un cerf dans mes bois. Je suis très fier de ce passage qui marque bien l'estime en laquelle je suis tenu.

Au printemps 85, les ultras complotent et tentent de s'emparer de Bordeaux. Ici comme ailleurs, l'autorité du roi est peu respectée et c'est le royaume tout entier qui menace d'être déchiré. Pour contenir les ligueurs, Henri III fait alliance avec Henri de Navarre, celui-ci

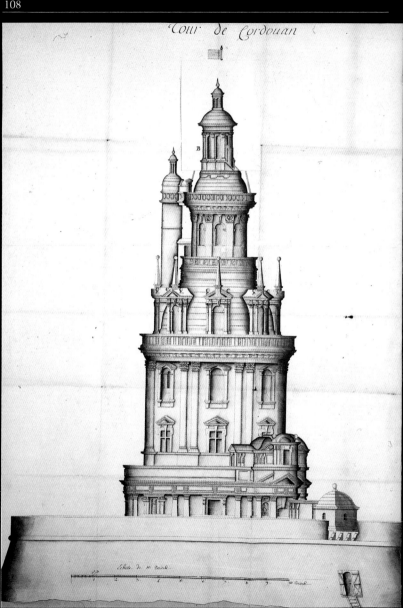

Tour de Cordouan

CARTE
DE L'EMBOUCHURE
DE LA RIVIERE DE GARONNE
POUR FAIRE VOIR LA SITUATION
DE LA TOUR DE CORDOUAN

PARTIE
DE
MEDOC

BANC du CHEVRIER
POINTE de GRAVES
ou du GRAND TERRIER

Bancle Rourse

POINTE DE GRAVES

La MATTE de Maleu

TOUR DE CORDOUAN

MER

EMBOUCHURE DE LA GARONNE

Rocher des Cameaux

OCEANE

PRELACHEU ou de S.t Felise
CONCHE de S.t PALAIS
Pointe de la Pierriere
Conche du Plain
POINTE de TERRE ou de Fourneaux
L'echou de S.t PALAIS
BANC a l'Anclou

Rocher et Banc de
la MAUVAISE

Basse de la COUBRE
Le Grand MATELIER
La Petite Basse
Le Petit Matelier

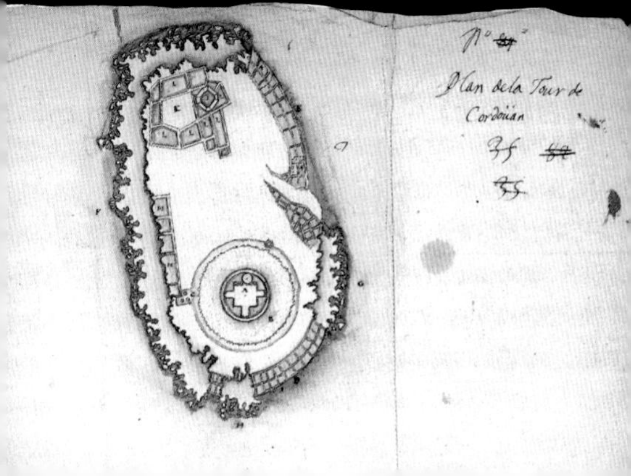

PARTIE
DE
SAINTONGE

S.t AUGUSTE
ANSE DE LA COUBRE
Pointe de la COUBRE
Estang de Bonzac

Plan de la Tour de
Cordouan

LA DESCRIPTION DE LA TOUR
OU PHARE DE CORDOUAN.

A l'embouchure de la Riviere de Gironde en Garonne.

Eleuation de la Lanterne en Particulier.

VEÜE ET ELEUALION
GEOMETRIQUE DE LA TOUR
DE CORDOÜAN PRISE PAR
LA LIGNE DU PLAN CD: en le 12e quelle etoit en 17..

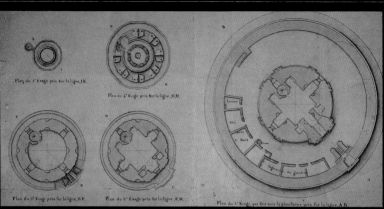

Plan du 5.e Étage pris sur la ligne I.K.

Plan du 4.e Étage pris sur la ligne G.H.

Plan du 3.e Étage pris sur la ligne E.F.

Plan du 2.e Étage pris sur la ligne C.D.

Plan du 1.er Étage qui fait voir la plate-forme pris sur la ligne A.B.

Coupe Particuliere de la Lanterne ou Salume le Feu

COUPE ET PROFIL DE LA
TOUR DE CORDOÜAN
COUPÉE PAR LA LIGNE DU PLAN A.B
Cette Tour à commencé de sere. Edifié du Regne de Henry second
Au despand de la ville de BOURDEAUX sur un Rocher à l'Embouchure
de la Garonne

La merveille des mers

Longtemps considéré comme la huitième merveille du monde, le phare a pour base une plate-forme circulaire de 44 m de diamètre, édifiée sur l'îlot de Cordouan. Dans une tour ronde de trois étages, Louis de Foix avait placé au premier niveau la «chambre du roi», au-dessus, une chapelle voûtée avec une coupole ornée de caissons sur le modèle de l'Escorial et sur le sommet de la coupole, un grand lanternon surmonté d'un second, plus petit, où chaque soir était allumé le feu. Un escalier à vis permettait de monter jusqu'au sommet.

rencontre enfin le maréchal de Matignon, en juin 1585. Je vois avec soulagement se terminer mon deuxième mandat, quand tout à coup la peste éclate à Bordeaux. L'épidémie est terrible, elle va durer jusqu'en décembre et fera 14 000 victimes. Les escarmouches entre huguenots et ligueurs sont incessantes, bientôt le conflit ravage toute la campagne où les soldats pillent les récoltes (les «picoreurs» on les appelle). Comme si cela ne suffisait pas, la peste s'étend au Périgord, je suis chassé de chez moi par l'avancée de la maladie, et j'emmène ma famille à la recherche d'un endroit plus salubre. Nous ne revenons au château qu'au bout de six mois. Par bonheur, il est intact.

Tout change sans cesse, rien de stable

Pendant tout ce temps, je n'ai pas cessé de reprendre mes *Essais*, de les relire en ajoutant un peu partout un grand nombre de réflexions complémentaires. Surtout, j'ai entrepris de nouveaux chapitres, et je m'aperçois qu'ils sont assez différents de ce que j'avais écrit jusque-là : j'ai moins qu'autrefois besoin de m'appuyer sur la tradition, même si je continue à lire et à citer; je ne m'attends plus à trouver une ou des vérités stables. Dans le chaos où nous vivons, toutes les valeurs m'apparaissent relatives, leur portée dépasse rarement les limites d'une province : passons les Pyrénées, ce qui était juste de ce côté-ci ne l'est plus au-delà.

On voit aussi aujourd'hui les catholiques ligueurs reprendre mot à mot les arguments que soutenaient les protestants après la Saint-

L e conflit religieux se double ouvertement d'un conflit politique. Le pouvoir royal n'est respecté ni par les Réformés, ni par les Ligueurs qui constituent un véritable Etat dans l'Etat, à Paris notamment, dirigé par le Conseil des Seize (représentant les 16 quartiers). Les processions se succèdent, dans une atmosphère de fanatisme entretenue par les prédicateurs catholiques. A Bordeaux, les Ligueurs tentent de faire élire comme maire le grand sénéchal de Guyenne Jacques d'Escars, sieur de Merville. Mais après une campagne tumultueuse, c'est Montaigne qui est réélu (faveur exceptionnelle).

Barthélemy. Quelle dérision! J'en viens à croire que ce qui manque le plus aux hommes, c'est la constance et que rien n'est plus commun que l'inconstance. Ainsi, ni dans l'espace ni dans le temps, je ne peux trouver cette continuité qui rassurerait la pensée, et pourrait lui donner un fondement solide et indiscutable.

Tout change sans cesse, de cela au moins je suis certain : les hommes, quels que soient leurs qualités, leur génie même, sont tous soumis au temps. Un seul individu, unique, pris à deux

C'est au XIVᵉ siècle que la peste ravage l'Europe, enlevant 25 millions d'hommes; elle réapparaît au XVIᵉ siècle de façon plus ou moins endémique : Milan notamment passe de 250 000 à 60 000 habitants. Venise est frappée, et Le Tintoret, enfant de la ville, en donne cette représentation saisissante. En juin 1585, Bordeaux est cruellement éprouvé. Dans un climat de terreur et de fin du monde, les gens voient des miracles et des prodiges partout, on aperçoit des monstres marins, on entend des voix.

Vieilli, et apparemment soucieux, le Montaigne de ce portrait accuse la fatigue de charges compliquées et de temps difficiles. S'il est soulagé d'en avoir terminé avec un rôle politique officiel, il lui reste pourtant à user de son influence pour concilier autant qu'il peut les partis en présence; mais surtout, il est grand temps de se consacrer à une réflexion approfondie que l'urgence de la pratique empêchait.

moments différents ne ressemble pas à lui-même; il peut même se faire qu'on ne se reconnaisse pas; dans cette phrase que j'écris, je ne retrouve pas ce que j'ai voulu dire d'abord, je me sens tout à coup en présence de quelqu'un d'autre. On a fait de moi un parlementaire, puis un maire de Bordeaux, j'ai rempli mes charges avec franchise et conscience; pourtant rien ne m'est plus étranger que les fonctions publiques. Ce qui importe alors, c'est de ne pas tout mélanger, mais au contraire de distinguer le plus soigneusement possible le maire et Montaigne. Pour moi, je ne me laisserai pas prendre à l'illusion de confondre l'homme et la fonction; je distingue autant que je peux les révérences qui s'adressent à la charge officielle, à la cérémonie, et celles qui me concernent personnellement. Dans ce que j'écris, c'est moi qui parle de moi, non le savant ou le jurisconsulte qui traite de la science ou de la loi.

Ai-je tort ou raison? Je ne peux savoir. Ce que je sais, c'est que je ne peux faire autre chose sans entrer immédiatement dans le monde des idées fausses, des idées toutes faites, dans le monde des croyances. Et cela n'empêche même pas tous les risques d'erreurs, car rien n'est aussi difficile que démêler en soi-même ce qui appartient à l'opinion et ce qui est essentiellement mien – si cela même existe. Et comment m'y prendre? Je ne vois guère qu'une manière de faire : à propos de tout ce qui se présente à moi, événements quotidiens, lectures, anecdotes entendues, il me faut d'abord essayer de trouver la façon commune de prendre les choses, puis concevoir pourquoi cela se passe ainsi. Peut-être cet examen attentif va-t-il m'aider à faire la séparation entre une réaction commandée par l'habitude et une véritable réflexion.

Bien sûr, l'examen ne suffit pas. Par moi-même, je manque de force, je manque d'un ami qui me réveille et m'exerce. A la place, il me reste les livres et l'expérience. C'est peu, mais il faut que je m'en contente.

Il est probable que Montaigne a lu Tacite dans l'édition de Juste Lipse; célèbre humaniste, professeur à Iéna, Leyde puis Louvain, il fut un des maîtres de la critique érudite.

La leçon de Tacite

Je viens de lire Tacite, les *Histoires*. D'habitude, je vais, je marche, prends un livre, feuillette un peu au hasard en glanant ici ou là formules ou anecdotes. Cette fois-ci, non, j'ai été pris par le mouvement, j'ai tout lu d'une traite. Je suis émerveillé par sa façon drue et pleine de raconter les événements, par sa clairvoyance à démêler les intrigues et les ruses dans la lutte pour le pouvoir. Souvent il porte des jugements éthiques et politiques, on pourrait croire qu'il parle de nous tellement cela conviendrait à une époque malade comme la nôtre. Et il distingue remarquablement

Les textes latins qu'il a transcrits, présentés et annotés, notamment Tacite et Sénèque, ont été maintes fois réimprimés, comme l'exemplaire ci-dessus, publié en 1607, soit un an après sa mort.

ce qui relève du mouvement général des affaires politiques et ce qui appartient au caractère particulier de chacun. Il suffit que je regarde par ma fenêtre : les jugements qu'il prononce s'appliquent aujourd'hui.

Voilà un livre qu'il fait bon méditer au milieu de nos troubles. Cela peut aider à ne pas s'engager entièrement dans une action publique, à se préserver une marge d'indépendance personnelle, à l'écart des partis. Cela ne signifie pas s'abstenir, bien au contraire. Et cette réserve peut permettre qu'on serve de négociateurs entre des partis – comme moi entre Henri de Navarre et Matignon. En outre on adopte ainsi une attitude correcte : en politique on voit s'opposer les cyniques pour qui seule compte la réalité du pouvoir et les idéalistes qui voudraient améliorer les lois. Ni les uns ni les autres ne sont très clairvoyants, la société me semble un organisme trop complexe : on ne peut

En cette fin du XVIᵉ siècle, la sorcellerie est une pratique courante. Dans les campagnes, elle concerne essentiellement les récoltes et les troupeaux d'une part, et le nouement d'aiguillette d'autre part. On appelait ainsi un sort jeté aux hommes et en particulier aux jeunes mariés pour les frapper d'impuissance sexuelle. Le tableau de David Teniers le Vieux montre la façon dont on imaginait l'antre des sorciers.

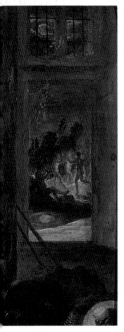

espérer établir solidement un pouvoir par la trahison ou la ruse, car l'une et l'autre font naître le désir de revanche. D'un autre côté ceux qui veulent remédier aux injustices s'exposent au risque d'en provoquer de pires, et les réformes sont, comme nous le voyons dans nos guerres civiles, plus nuisibles que bénéfiques. Sans compter que, à vouloir rendre les lois plus justes, on se trompe sur leur nature véritable, sur les raisons de leur efficacité : les lois sont respectées non parce qu'elles sont justes mais parce qu'elles sont lois. C'est étrange, mais c'est un fait. On voit ainsi que les règles qui valent pour l'individu n'ont pas de sens pour les Etats. Essayons donc au moins, dans la mesure de nos moyens, de ne pas aggraver les injustices et d'éviter les cruautés.

Les papes ayant excommunié les sorciers, un tribunal ecclésiastique fut chargé de les juger. Ce rôle incomba à l'Inquisition, mais dès le XVᵉ siècle, la justice laïque s'en saisit. Plus d'une fois, des tribunaux d'exception furent spécialement créés pour instruire et juger des procès de sorcellerie qui intéressaient à la fois l'Etat, la paix civile et la religion; tout suspect est presque automatiquement condamné. Entre 1577 et 1592, 900 condamnations à mort, pour sorcellerie, furent prononcées en Lorraine.

La leçon des bûchers

A propos de cruautés, les procès de sorcellerie abondent, et ils se terminent la plupart du temps par le bûcher. Cela me semble inutile, et pour dire ce que je pense, un abus impardonnable. Il y a quelques années, pour me convaincre de l'existence des sorciers, on m'a montré une vieille, les preuves et sa libre confession; j'ai pu parler avec elle autant que j'ai voulu. En conscience, je l'ai trouvée plus proche de la folie que du crime. Cela n'empêche pas ordinairement la justice de les condamner, comme s'il était plus difficile aux hommes de reconnaître leur ignorance que de faire brûler leurs semblables. Voilà bien l'ennemi

premier, le plus dangereux, celui qui nous accompagne sans cesse puisqu'il est en nous-mêmes.

C'est toujours à cet examen de soi qu'il faut en revenir. Je m'y consacre avec attention, je m'étudie moi-même plus que tout autre sujet. Si on me le reproche, comme il arrive parfois, je réponds que c'est la seule matière où je me sente compétent et que c'est seulement en cherchant comment je me trompe que j'ai une chance d'avancer vers la vérité. Ce n'est pas facile car la vérité et le mensonge ont même figure et même allure, nous les confondons par ignorance mais aussi par complaisance et vanité. Pour les distinguer, il me faut les exprimer et laisser courir devant moi les formules. Et, avec la plus minutieuse attention, dépister en elles ce qui sonne faux ou simplement exagéré.

Dans ces deux années de trouble qui ont suivi la fin de ma charge à la mairie de Bordeaux, j'ai rédigé treize essais nouveaux, non pour établir des vérités mais pour exercer ma réflexion. Ils donnent à mon livre une suite importante.

A l'inconfort des coches, Montaigne préférait encore la dureté d'une selle dont l'armature était en bois, mal recouverte d'un cuir bourré de crin. Il dit pouvoir chevaucher huit à dix heures de suite. Par étapes de 40 km environ, il faut deux semaines pour aller de Bordeaux à Paris.

En janvier 1588, au milieu d'une intense activité diplomatique, je quitte à nouveau Montaigne en direction de Paris. L'insécurité est grande, des bandes armées circulent partout. En traversant la forêt de Villebois, je tombe dans une embuscade : quinze à vingt gentilshommes masqués suivis d'archers à cheval. Toute résistance est inutile, on m'arrête, on me fait descendre de cheval, on fouille mes coffres, on prend ma caisse, les chevaux et les serviteurs sont partagés comme un butin entre des brigands. Et les voici qui se mettent à fixer une rançon pour moi, d'un montant si élevé qu'il paraissait bien qu'ils me prenaient pour quelqu'un d'autre. Il était aussi question de se débarrasser de moi, purement et simplement. Je suis demeuré aussi calme que j'ai pu, essayant de faire bon visage; pendant deux ou trois heures, je répétais que nous étions pendant une trêve, que je n'étais d'aucun parti, que j'étais prêt à leur laisser tout ce qu'ils m'avaient pris (ce n'était pas rien) mais qu'il n'était pas question d'une rançon. Le tout avec fermeté. Ils me font monter à cheval et m'emmènent sous bonne garde : me voici

La forêt règne encore sur le paysage français : en réalité on voyage de clairière en clairière, la route n'est jamais qu'une percée à travers ce lieu un peu magique, peuplé de mystères et de brigands. Voyager, c'est s'exposer à toutes les aventures, même si l'on a avec soi une petite escorte. Au temps des guerres de religion, ces dangers sont redoublés par l'abondance des bandes armées, qui se dressent des embuscades et combattent par escarmouches.

prisonnier. Et tout à coup, leur chef revient avec des paroles plus douces, il fait rechercher mes bagages, et même ma caisse, pour me les rendre, puis mes gens, et enfin la liberté. Etrange aventure. Pourquoi ont-ils ainsi changé leurs projets? L'un des chefs m'a dit à plusieurs reprises que je devais cette délivrance à mon visage, à la liberté et à la fermeté de mes paroles. Les chemins de la providence nous sont impénétrables, décidément.

Le lendemain encore, nouvelle embuscade, d'un parti ligueur cette fois, et j'en réchappe de la même façon. Le risque était plus grand car on savait que je sers d'intermédiaire entre Henri de Navarre et Henri III.

Paris, à la fin du XVIᵉ siècle, ne se développe encore que dans la proximité immédiate de l'île de la Cité. A gauche, au premier plan, face à la Conciergerie qu'on distingue dans l'île, la ville marchande et ses quais, parcourue par une procession de pénitents blancs, signe que la Ligue domine l'existence de la cité tout entière.

A Paris, je partage mon temps entre les affaires et l'édition de mon livre, chez Abel l'Angelier

Ma santé se dégrade, je suis retenu au lit par une crise de goutte quand, le 10 juillet, sur l'ordre du duc d'Elbeuf, on vient m'arrêter, on me conduit à la Bastille et on me met au cachot.

Heureusement, la reine-mère intervient auprès du duc de Guise, et sur les huit heures du soir, je suis relâché. C'est la première prison que j'ai vue de l'intérieur. Voilà bien ce à quoi on s'expose quand on refuse d'appartenir à un parti, on se fait attaquer des deux côtés.

Comme pour me consoler de ces infortunes, j'ai rencontré une jeune femme fort cultivée,

Sur la rive gauche s'étagent les bâtiments et les églises de la ville universitaire, le clocher le plus élevé étant celui de Saint-Etienne-du-Mont, sur la montagne Sainte-Geneviève.

Marie de Gournay qui s'est prise d'admiration pour mon livre au point de vouloir faire ma connaissance.

Cela me rappelle la façon dont La Boétie et moi nous sommes connus. Je la crois capable des plus belles choses tant son esprit et son caractère montrent de fermeté.

L'affection qu'elle me témoigne me touche, je la considère comme ma fille d'alliance et compte sur elle pour s'occuper de mes papiers après ma mort. Et le temps que nous passons ensemble à marcher et parler m'est bien doux.

Qu'Henri de Navarre sauve le royaume de France!

Les Etats de Blois s'ouvrent le 15 octobre, j'y assiste en témoin et parle avec deux hommes notables, Pasquier et de Thou; mais je ne m'attarde pas, il y a déjà longtemps que je suis parti de chez moi, j'y rentre.

Les événements se précipitent : Henri III prend une décision peu compréhensible. Il fait assassiner le duc de Guise, puis son frère Louis, cardinal de Lorraine. Quelques jours plus tard, Catherine de Médicis meurt, sous le choc, dit-on, de ces assassinats. Le royaume se déchire encore davantage. Sept mois plus tard, Jacques Clément poignarde Henri III. Henri de Navarre devient roi en puissance, mais il a été excommunié par le pape Sixte-Quint, et seuls les protestants le

Monsigne Cognat

Henri de Lorraine duc de Guise.

Henri de Lorrai ne dux de Guise.

Marie de Gournay (en médaillon) a su flatter et émouvoir Montaigne au point que celui-ci l'appelle sa «fille d'alliance». Cette relation «filiale» demeure mystérieuse.

Le duc de Guise, Henri le Balafré, et son frère Charles, cardinal de Lorraine, détenaient l'essentiel du pouvoir politique et militaire en France. Jaloux de son autorité et ne reculant devant rien, le roi Henri III fit assassiner, d'abord Henri, le 23 décembre 1588, puis, le lendemain, Charles, au château de Blois, où il résidait. C'est à cette occasion qu'on lui prêta à propos du duc ce mot fameux : «Il est encore plus grand mort que vivant», qui ne désigne pas sa taille physique, mais son influence politique.

reconnaissent vraiment. Le désordre est général. Henri IV sait que je souhaite son plein succès sur l'ensemble du territoire, il sait aussi que je m'y emploierai dans toute la mesure de mes moyens, mais que mon âge et ma santé rendent préférable que je reste chez moi.

Lentement, bataille après bataille – Arques, puis Ivry – la légitimité du nouveau roi se fait reconnaître. C'est le mieux qui puisse arriver; j'apprécie beaucoup son courage, sa fermeté et la vivacité d'esprit qui lui permet de juger des choses avec mesure. A voir la souplesse avec laquelle il sait ne pas s'obstiner contre des obstacles insurmontables, et malgré les difficultés du chaos présent, j'ai bon espoir.

Je relis mes Essais

Me voici donc de nouveau chez moi, surtout occupé à lire et à ajouter exemples, citations et réflexions tout au long de mon livre. J'écris dans

En représailles, le parti ligueur ne cessa d'appeler au «régicide» et, de fait, un moine, Jacques Clément, se rendit à Saint-Cloud, approcha Henri III et le perça d'un coup mortel (gravure de gauche). Le régicide fut tué sur place, puis écartelé et brûlé (1er août 1589).

Dans la France divisée, Henri IV doit peu à peu reconquérir le territoire, vaincre les armées catholiques, prendre les places une à une. Paris, fief des Ligueurs, résiste à plusieurs sièges et il faudra attendre l'abjuration et la conversion au catholicisme du nouveau souverain pour que la capitale redevienne royale. «Paris vaut bien une messe» : il ne manque plus que la poule au pot et Ravaillac; on remarque bien sûr le fameux panache blanc dont un écuyer s'apprête à coiffer Henri IV, tandis qu'un valet conduit un cheval de même couleur! Dès le début du XVIIᵉ siècle, la légende est en marche...

les marges d'abord, mais très vite elles ne
suffisent plus, et je continue sur des feuilles à
part, que je colle soigneusement à l'endroit où
mes nouvelles remarques doivent prendre place.
En général les ajouts sont brefs, mais il arrive
assez souvent qu'ils se développent; j'en oublie
même d'où j'étais parti et au bout d'un temps, il
me faut m'interrompre, et revenir à mon propos.
J'emprunte, ici et là, chez un auteur ou chez un
autre, de quoi aider ma réflexion et j'essaie de me
peindre le plus fidèlement que je peux : les autres
me servent à me connaître.

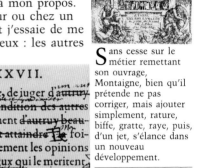

Sans cesse sur le métier remettant son ouvrage, Montaigne, bien qu'il prétende ne pas corriger, mais ajouter simplement, rature, biffe, gratte, raye, puis, d'un jet, s'élance dans un nouveau développement.

Mes chapitres autrefois étaient trop courts pour laisser se découvrir quelque chose qu'on n'aurait pas su d'avance, et ils s'interrompaient au moment où l'attention s'éveillait. Ils semblent bien aller un peu au hasard maintenant et vagabonder sans continuité, en désordre. C'est bien ce qui convient; la phrase suit la pensée mais aussi la fait naître : d'un mot prononcé sans y prêter attention peut sortir une pensée que je n'avais pas eue. Il faut accepter de laisser échapper tout ce qui vient à la bouche si l'on veut découvrir des pensées qu'on ignorait. En écrivant j'occupe le temps de ma solitude bien sûr, mais surtout j'apprends chaque jour à réfléchir avec plus de justesse, à me connaître mieux; je me forme dans le moment même où je me raconte, mon livre me fait autant que je fais mon livre, nous allons du même pas, libres.

Du vivant de Montaigne, trois éditions ont été publiées: deux à Bordeaux en 1580 et 1582 ; la troisième à Paris, chez Abel l'Angelier en 1588, comprenant le Livre trois. L'exemplaire personnel de Montaigne, chargé d'annotations, a permis l'édition dite de Bordeaux, en 1595, publiée par les soins de Pierre de Brach et de mademoiselle de Gournay.

La maladie ne m'a pas quitté, mais je n'ai pas à me plaindre : les crises sont violentes mais espacées et je préfère cette souffrance à une décrépitude générale, car elle ne m'empêche pas de bouger, ni même d'aller à la chasse avec un entrain de jeune homme. Plaisir et souffrance se mêlent comme la vie et la mort. Peu à peu l'expérience m'a appris à accepter les choses comme elles viennent, sans m'émouvoir plus qu'il ne faut; à vivre pleinement le moment présent. Et malgré les difficultés du temps présent, malgré la ruine générale des valeurs, malgré le temps qui passe et la solitude, je ne me sens ni déçu ni triste. Tout au contraire, en continuant d'exercer ma pensée en écrivant; en

reprenant et ajoutant sans cesse, je garde une sorte de gaieté qui ressemble beaucoup au bonheur.

Montaigne meurt le 13 septembre 1592.

En 1595, paraît l'édition posthume des *Essais*, d'après l'exemplaire manuscrit laissé par Montaigne.

Le 12 juin 1676, les *Essais* sont mis à l'index.

TÉMOIGNAGES
ET DOCUMENTS

Lire les *Essais*,
une pensée indépendante
et anticonformiste.

Lire les Essais

Il serait dommage de se limiter aux quelques extraits qui suivent. La vie de Montaigne devrait donner envie de lire les « Essais » en entier, et les quelques textes ici proposés ne seront, nous l'espérons, qu'une incitation.

L'amitié : Etienne de La Boétie

Au demeurant, ce que nous appelons ordinairement amis et amitiés, ce ne sont qu'accointances et familiarités nouées par quelque occasion ou commodité, par le moyen de laquelle nos âmes s'entretiennent. En l'amitié de quoi je parle elles se mêlent et confondent l'une en l'autre, d'un mélange si universel, qu'elles effacent et ne retrouvent plus la couture qui les a jointes. Si on me presse de dire pourquoi je l'aimais, je sens que cela ne se peut exprimer, qu'en répondant : « Parce que c'était lui ; parce que c'était moi. »

Il y a au-delà de tout mon discours, et de ce que j'en puis dire particulièrement, ne sais quelle force inexplicable et fatale, médiatrice de cette union. Nous nous cherchions avant que de nous être vus, et par des rapports que nous oyïons l'un de l'autre, qui faisaient en notre affection plus d'effort que ne porte la raison des rapports, je crois par quelque ordonnance du ciel ; nous nous embrassions par nos noms. Et à notre première rencontre, qui fut par hasard en une grande fête et compagnie de ville, nous nous trouvâmes si pris, si connus, si obligés entre nous, que rien dès lors ne nous fut si proche que l'un à l'autre. (...)

Ayant si peu à durer, et ayant si tard commencé, car nous étions tous deux hommes faits, et lui plus de quelques années, elle n'avait point à perdre temps et à se régler au patron des amitiés molles et régulières, auxquelles il faut tant de précautions de longue et préalable conversation. Celle-ci n'a point d'autre idée que d'elle-même, et ne se peut rapporter qu'à soi. Ce n'est pas une spéciale considération, ni deux, ni trois, ni quatre, ni mille : c'est je ne sais quelle quintessence de tout ce mélange, qui ayant saisi toute ma volonté, l'amena se plonger et se perdre dans la sienne ; qui, ayant saisi toute sa volonté, l'amena se plonger et se perdre en la mienne, d'une faim, d'une concurrence pareille. Je dis perdre, à la vérité, ne nous réservant rien qui nous fût propre, ni qui fût ou sien, ou mien.

De l'amitié, I, XXVIII, 269-270

La Boétie avait écrit le *Discours de la servitude volontaire* (resté inédit), que l'on a... bien proprement depuis rebaptisé *Le Contre Un*. Il l'écrivit par manière d'essai, en sa première jeunesse, à l'honneur de la liberté contre les tyrans. Il court piéça ès mains des gens d'entendement, non sans bien grande et méritée recommandation : car il est gentil, et plein ce qu'il est possible.

Et si, suis obligé particulièrement à cette pièce, d'autant qu'elle a servi de moyen à notre première accointance. Car elle me fut montrée longue pièce avant que je l'eusse vu, et me donna la première connaissance de son nom, acheminant ainsi cette amitié que nous avons nourrie, tant que Dieu a voulu, entre nous, si entière et si parfaite que certainement il ne s'en lit guère de pareilles et, entre nos hommes, il ne s'en voit aucune trace en usage. Il faut tant de rencontres à la bâtir, que c'est beaucoup si la fortune y arrive une fois en trois siècles.

De l'amitié, 264

L'amitié est ce qui aide à penser véritablement, ce qui réveille,

Les contradictions donc des jugements ne m'offensent, ni m'altèrent ; elles m'éveillent seulement et m'exercent. Nous fuyons à la correction, il s'y faudrait présenter et produire, notamment quand elle vient par forme de conférence, non de régence. A chaque opposition, on ne regarde pas si elle est juste, mais à tort ou à droit, comment on s'en défera. Au lieu d'y tendre les bras, nous y tendons les griffes. Je souffrirais être rudement heurté par mes amis : « Tu es un sot, tu rêves. » J'aime, entre les galants hommes, qu'on s'exprime courageusement, que les mots aillent où va la pensée. Il nous faut fortifier l'ouïe et la durcir contre cette tendreur du son cérémonieux des paroles. J'aime une société èt familiarité forte et virile, une amitié qui se flatte en l'âpreté et vigueur de son commerce, comme l'amour, ès morsures et égratignures sanglantes.

Elle n'est pas assez vigoureuse et généreuse, si elle n'est querelleuse, si elle est civilisée et artiste, si elle craint le heurt et a ses allures contraintes.

Neque enim disputari sine reprehensione potest ★

Quand on me contrarie, on éveille mon attention, non pas ma colère ; je m'avance vers celui qui me contredit, qui m'instruit. La cause de la vérité devrait être la cause commune à l'un et à l'autre.

De l'art de conférer, III, VIII, 176

Et c'est ainsi que peut se réaliser une société qui respecte les individus et se fonde sur l'égalité.

★Cicéron, *De finibus*, I, VIII « Car il n'y a pas de discussion sans contradiction. »

❝❝ Toutes actions publiques sont sujettes à incertaines et diverses interprétations, car trop de têtes en jugent ❞❞ III, X

La société politique

C'est cela que certainement le tyran n'est jamais aimé ni n'aime. L'amitié, c'est un nom sacré, c'est une chose sainte ; elle ne se met jamais qu'entre gens de bien, et ne se prend que par une mutuelle estime ; elle s'entretient non tant par bienfaits que par la bonne vie. Ce qui rend un ami assuré de l'autre, c'est la connaissance qu'il a de son intégrité : les répondants qu'il en a, c'est son bon naturel, la foi et la constance. Il n'y peut avoir d'amitié là où est la cruauté, là où est la déloyauté, là où est l'injustice ; et entre les méchants, quand ils s'assemblent, c'est un complot, non pas une compagnie ; ils ne s'entraiment pas, mais ils s'entrecraignent ; ils ne sont pas amis, mais ils sont complices.

66 Comme en la conférence, la gravité, la robe et la fortune de celui qui parle donnent souvent crédit à des propos vains et ineptes 99 III, VIII

Or, quand bien cela n'empêcnerait point, encore serait-il malaisé de trouver en un tyran un amour assuré, parce qu'étant au-dessus de tous, et n'ayant point de compagnon, il est déjà au-delà des bornes de l'amitié, qui a son vrai gibier en l'équalité, qui ne veut jamais clocher, ainsi est toujours égale.

Discours de la servitude volontaire,
La Boétie

Mais cette égalité reste un idéal. Ce qu'on voit dans la réalité est tout différent : la société est composée d'hommes dissemblables, même s'ils ont entre eux une sorte de forme commune.

Plutarque dit en quelque lieu, qu'il ne trouve point si grande distance de bête à bête, comme il trouve d'homme à homme. Il parle de la suffisance[1] de l'âme et qualités internes. A la vérité, je trouve si loin d'Epaminondas, comme je l'imagine, jusques à tel que je connais, je dis capable de sens commun, que j'enchérirais volontiers sur Plutarque ; et dirais qu'il y a plus de distance de tel à tel homme qu'il n'y a de tel homme à telle bête :

hem ! vir viro quid prœstat[*]

et qu'il y a autant de degrés d'esprits qu'il y a d'ici au ciel de brasses, et autant innumérables[2].

De l'inégalité qui est entre nous
I, XLII, 381

---

[*] Térence, *Eunuque*, acte II, scène III :
« Ah ! qu'un homme peut être supérieur à un autre homme. »
(1) Pouvoir.
(2) Innombrables.

Ces dissemblances pourtant comptent peu par rapport à un fait essentiel : « Nous ne sommes hommes et ne nous tenons les uns aux autres que par la parole » (Des menteurs, I, IX, 66). *Notre vie se trouve ainsi écartelée entre deux pôles, entre le fait et le droit. Nous sommes incapables de distinguer entre les deux, et, souvent, par désir de remédier à une injustice, nous introduisons un désordre dont les effets sont pires.*

Ceux qui ont essayé de raviser les mœurs du monde, de mon temps, par nouvelles opinions, réforment les vices de l'apparence ; ceux de l'essence, ils les laissent là, s'ils ne les augmentent ; et l'augmentation y est à craindre : on se séjourne volontiers de tout autre bien faire sur ces réformations externes arbitraires, de moindre coût et de plus grand mérite ; et satisfait-on par là à bon marché les autres vices naturels consubstantiels et intestins. Regardez un peu comment s'en porte notre expérience : il n'est personne, s'il s'écoute, qui ne découvre en soi une forme sienne, une forme maîtresse, qui lutte contre l'institution, et contre la tempête des passions qui lui sont contraires.

Du repentir, III, II, 33

Ces réformes que l'on cherche à introduire, avec les meilleures intentions du monde, fabriquent des catastrophes : nous ne parvenons pas à accepter que la société n'obéit pas aux mêmes lois que les individus.

La société publique n'a que faire de nos pensées ; mais le demeurant, comme nos actions, notre travail, nos fortunes et notre vie propre, il la faut prêter et abandonner à son service et aux opinions communes, comme ce bon et grand Socrate refusa de sauver sa vie par la désobéissance du magistrat, voire d'un magistrat très injuste et très inique. Car c'est la règle des règles, et générale loi des lois, que chacun observe celles du lieu où il est :

Νομοις ἕπεσθαι τοῖσιν ἐγχωροις καλον *.

En voici d'une autre cuvée. Il y a grand doute, s'il se peut trouver si évident profit au changement d'une loi reçue, telle qu'elle soit, qu'il y a du mal à la remuer, d'autant qu'une police[1], c'est comme un bâtiment de diverses pièces jointes ensemble, d'une telle liaison, qu'il est impossible d'en

---

* Maxime grecque : « Il est beau d'obéir aux lois de son pays. »
[1] Société civile, constitution.

ébranler une que tout le corps ne s'en sente. (...)

Je suis dégoûté de la nouvelleté[2], quelque visage qu'elle porte, et ai raison, car j'en ai vu des effets très dommageables. Celle qui nous presse depuis tant d'ans, elle n'a pas tout exploité, mais on peut dire avec apparence, que par accident elle a tout produit et engendré, voire et les maux et ruines qui se font depuis sans elle, et contre elle.

De la coutume et de ne changer aisément une loy reçue, I, XXIII, 179

---

(2) Réforme, changement, innovation.

Dans des temps de troubles, la confusion est telle que toute initiative est dangereuse et même mortelle.

Monstrueuse guerre : les autres agissent au-dehors, celle-ci encore contre soi se ronge et se défait par son propre venin. Elle est de nature si maligne et ruineuse qu'elle se ruine quand et quand[1] le reste, et se déchire et démembre de rage. Nous la voyons plus souvent se dissoudre par elle-même que par disette d'aucune chose nécessaire, ou par la force ennemie. Toute discipline la fuit. Elle vient guérir la sédition, et en est pleine, veut châtier la désobéissance, et en montre l'exemple ; et employée à la défense des lois, fait sa part de rébellion

---

(1) Avec.

à l'encontre des siennes propres. Où en sommes-nous ? Notre médecine porte infection.

De la physionomie, III, XII, 321

M.D.LXXIIII.   Eſtat de France

deſdaignez ſuiuât voſtre deuoir, de biê fonder ce qui concerne le ſalut eternel & temporel de vous & de voſtre peuple. Cela faiſant, vous quitterez bien facilement voſtre amertume, à Dieu & à la-Republique, & par là ſans effuſion de ſang vous-vous acquerrez la paix, ſeruirez à Dieu, & vous a-grandirez en domaine & en ſuiets, autât que mô-tent les facultez & le nôbre de ceux qui vous ſont naturels ſuiets, & qu'auez voulu côuertir en qua-lité d'ennemis. Par ce moyen chaſcun priera pour la proſperité de vos dominations, pour l'eſtenduë de vos Royaumes, & s'employera à embellir vos ſceptres & conſeruer vos couronnes. Ieſus Chriſt vous vueille receuoir en hommage, vous reco-nnoiſſant pour les fideles lieutenans & miniſtres à la louange de ſon nom, à voſtre ſalut & au biê de tant de peuples qu'il vous a baillez en garde, pour luy en rendre compte en iour.

Po. Ainſi ſoit il.

D I S C O V R S,
DE L A S E R V I T V D E
volontaire.

D'*Auoir pluſieurs Seigneurs aucun bien ie ne voy: qu'vn ſans plus ſoit le maiſtre, & qu'vn ſeul ſoit le Roy.* ce dit Vlyſſe en Homere, parlant en public. S'il n'euſt dit, ſinon

D'auoir pluſieurs Seigneurs aucun bien ie ne voy, cela eſtoit tant bien dit que rien plus. Mais au lieu que pour parler auec raiſon, il faloit dire que la do-mination de pluſieurs ne pouuoit eſtre bonne, puis que la puiſſance d'vn ſeul, deſlors qu'il préd ce tiltre de Maiſtre, eſt dure & deſraiſonnable : il eſt allé adiouſter tout au rebours,

Qu'vn

Notre mal s'empoisonne.
*Du secours qu'on lui donne**

*Exuperat magis ægresctique medendo***

Omnia fanda, nefanda, malo permixta furore,
*Justificam nobis mentem avertere Deorum****

---

* Citation non déterminée.

** Virgile, *Enéide*, chant XII : « Le mal empire et s'aigrit par le remède. »

*** Catulle, *Epithalame de Thétis et de Pelée* : « Le juste et l'injuste confondus par notre folie perverse ont détourné de nous la juste volonté des dieux. »

En ces maladies populaires, on peut distinguer sur le commencement les sains des malades, mais quand elles viennent à durer, comme la nôtre, tout le corps s'en sent, et la tête et les talons ; aucune part n'est exempte de corruption. Car il n'est air qui se hume si goulûment, qui s'épande et pénètre, comme fait la licence.

De la vanité, III, IX, 215

Il faut donc distinguer deux sortes de bien : celui qui relève de la morale et qui vaut pour les individus ; celui qui concerne les Etats ou les sociétés et qui se juge selon l'efficacité pratique. Dès que l'on confond les deux ordres, c'est la terreur. Car l'accoutumance, l'habitude sont des facteurs de paix civile.

La Boétie :

Disons donc ainsi, qu'à l'homme toutes choses lui sont comme naturelles, à quoi il se nourrit et accoutume ; mais cela seulement lui est naïf, à quoi la nature simple et non altérée l'appelle : ainsi la première raison de la servitude volontaire, c'est la coutume : comme des plus braves courtauds[1], qui au commencement mordent le frein et puis s'en jouent, et là où naguère ruaient contre la selle, ils se parent maintenant dans les harnais et tout fiers se gorgiassent sous la barde[2]. Ils disent qu'ils ont été toujours sujets, que leurs pères ont ainsi vécu ; ils pensent qu'ils sont tenus d'endurer le mal et se font accroire par exemple, et fondent eux-mêmes sous la longueur du temps la possession de ceux qui les tyrannisent ; mais pour vrai, les ans ne donnent

---

(1) « Courtaud » : animal, souvent un cheval, privé de la queue et des oreilles.
(2) « Se gorgiassent » : se rengorgent ; « la barde » est une pièce de harnachement.

jamais droit de mal faire, ains agrandissent l'injure. Toujours s'en trouve il quelques-uns, mieux nés que les autres, qui sentent le poids du joug et ne se peuvent tenir de le secouer ; qui ne s'apprivoisent jamais de la sujétion et qui toujours, comme Ulysse, qui par mer et par terre cherchait toujours de voir de la fumée de sa case, ne se peuvent tenir d'aviser à leurs naturels privilèges et de se souvenir de leurs prédécesseurs et de leur premier être ; ce sont volontiers ceux-là qui, ayant l'entendement net et l'esprit clairvoyant, ne se contentent pas comme le gros populas, de regarder ce qui est devant leurs pieds, s'ils n'avisent et derrière et devant et ne remémorent encore les choses passées pour juger de celles du temps à venir et pour mesurer les présentes ; ce sont ceux qui, ayant la tête d'eux-mêmes bien faite, l'ont encore polie par l'étude et le savoir. Ceux-là, quand la liberté serait entièrement perdue et toute hors du monde, l'imaginent et la sentent en leur esprit, et l'encore la savourent, et la servitude ne leur est de goût, pour tant bien qu'on l'accoutre.

Discours de la servitude volontaire

Mais on est bien obligé d'accepter qu'une injustice est moins meurtrière qu'une guerre civile et que le changement de loi introduit toujours un désordre dont il est impossible de mesurer les conséquences. Il y a là une énigme : comment penser la société ?

Enfin je vois par notre exemple que la société des hommes se tient et se coud, à quelque prix que ce soit. En quelque assiette qu'on les couche, ils s'appilent et se rangent en se remuant et s'entassant, comme des corps mal unis qu'on empoche sans ordre trouvent d'eux-

mêmes la façon de se joindre et s'emplacer les uns parmi les autres, souvent mieux que l'art ne les eût su disposer. Le roi Philippe fit un amas des plus méchants hommes et incorrigibles qu'il pût trouver, et les logea tous en une ville qu'il leur fit bâtir, qui en portait le nom. J'estime qu'ils dressèrent des vices mêmes une contexture politique entre eux et une commode et juste société.

Depuis l'Antiquité, on cherche à déterminer le meilleur régime politique... sans résultat bien sûr, puisque la question ne peut pas être posée dans des termes de morale, mais de stabilité.

Non par opinion mais en vérité, l'excellente et meilleure police est à chacune nation celle sous laquelle elle s'est maintenue. Sa forme et commodité essentielle dépend de l'usage. Nous nous déplaisons volontiers de la condition présente. Mais je tiens pourtant que d'aller désirant le commandement de peu en un Etat populaire, ou en la monarchie une autre espèce de gouvernement, c'est vice et folie.

Aime l'Etat tel que tu le vois être :
S'il est royal, aime la royauté ;
S'il est de peu, ou bien communauté
Aime l'aussi, car Dieu t'y a fait naître.

Ainsi en parlait le bon M. de Pibrac, que nous venons de perdre, un esprit si gentil, les opinions si saines, les mœurs si douces ; cette perte, et celle qu'en même temps nous avons faite de monsieur de Foix, sont pertes importantes à notre couronne. Je ne sais s'il reste à la France de quoi substituer un autre couple pareil à ces deux

Gascons en sincérité et en suffisance pour le conseil de nos rois. C'étaient âmes diversement belles et certes, selon le siècle, rares et belles, chacune en sa forme. Mais qui les avait logées en cet âge, si disconvenables et si disproportionnées à notre corruption et à nos tempêtes ?

Rien ne presse[1] un État que l'innovation : le changement donne seul forme à l'injustice et à la tyrannie. (...)
Toutes grandes mutations ébranlent l'État et le désordonnent. Qui viserait droit à la guérison et en consulterait avant toute œuvre se refroidirait volontiers d'y mettre la main.

De la vanité, III, IX, 216-217

Nous ne sommes pas pourtant, à l'aventure, à notre dernière période. La conservation des États est chose qui vraisemblablement surpasse notre intelligence. C'est, comme dit Platon, chose puissante et de difficile dissolution qu'une civile police. Elle dure souvent contre des maladies mortelles et intestines, contre l'injure des lois injustes, contre la tyrannie, contre le débordement et ignorance des magistrats, licence et sédition des peuples.

De la vanité, III, IX, 219

Comment se conduire ?

Ni idéalisme, ni opportunisme, avant tout la clairvoyance importe : il faut bien clairement distinguer ce qui touche aux fonctions et ce qui concerne la personne ; et veiller soigneusement à ne pas confondre les ordres.

_____
(1) Accable.

La plupart de nos vacations[1] sont farcesques. « *Mundus universus exercet histrioniam*[*]. » Il faut jouer duement notre rôle, mais comme rôle d'un personnage emprunté. Du masque et de l'apparence il n'en faut pas faire une essence réelle, ni de l'étranger le propre. Nous ne savons pas distinguer la peau de la chemise. C'est assez de s'enfariner le visage, sans s'enfariner la poitrine. J'en vois qui se transforment et se transsubstantient en autant de nouvelles figures et de nouveaux êtres qu'ils entreprennent de charges, et qui se prélatent[2] jusques au foie et aux intestins, et entraînent leur office[3] jusques en leur garde-robe. Je ne puis leur apprendre à distinguer les bonnetades qui les regardent de celles qui regardent leur commission ou leur suite, ou leur mule. « *Tantum se fortunæ permittunt, etiam ut naturam dediscant*[**]. » Ils enflent et grossissent leur âme et leur discours naturel à la hauteur de leur siège magistral. Le maire et Montaigne ont toujours été deux, d'une séparation bien claire. Pour être avocat ou financier, il n'en faut pas méconnaître la fourbe qu'il y a en telles vacations. Un honnête homme n'est pas comptable du vice ou sottise de son métier, et ne doit pourtant en refuser l'exercice : c'est l'usage de son

_____
(1) Professions.
[*] Citation de Pétrone que Montaigne a trouvée dans le traité de la *Constance*, livre I, chapitre VIII, de Juste-Lipse : « Le monde entier joue la comédie. » Juste-Lipse développe cette idée chère à Montaigne, qu'il ne faut s'affliger que modérément des maux publics.
(2) Se comportent en prélats.
(3) Charge.
[**] Quinte-Curce, *Histoire d'Alexandre*, livre III, chapitre II : « Ils s'abandonnent si pleinement à leur haute fortune qu'ils en oublient la nature. »

❝ Où le moyen ordinaire nous faut, nous y ajoutons le commandement, la force, le fer et le feu ❞ III, XI

pays, et il y a du profit. Il faut vivre du monde et s'en prévaloir tel qu'on le trouve. Mais le jugement d'un empereur doit être au-dessus de son empire, et le voir et considérer comme accident étranger ; et lui, doit savoir jouir de soi à part et se communiquer comme Jacques et Pierre, au moins à soi-même.

Je ne sais pas m'engager si profondément et si entier. Quand ma volonté me donne à un parti, ce n'est pas d'un si violente obligation que mon entendement s'en infecte. Aux présents brouillis[4] de cet État, mon intérêt ne m'a fait méconnaître ni les qualités louables en nos adversaires, ni celles qui sont reprochables en ceux que j'ai suivis. Ils adorent tout ce qui est de leur côté ; moi je n'excuse pas seulement la plupart des choses que je vois du mien. Un bon ouvrage ne perd pas ses grâces

(4) Troubles.

pour plaider contre ma cause. Hors le nœud du débat, je me suis maintenu en équanimité[5] et pure indifférence. (...)

J'accuse merveilleusement cette vicieuse forme d'opiner : « Il est de la Ligue, car il admire la grâce de Monsieur de Guise. » « L'activité du roi de Navarre l'étonne : il est huguenot. » « Il trouve ceci à dire aux mœurs du roi : il est séditieux en son cœur. »

De ménager sa volonté, III, X, 284-285

Et cela ne va pas de soi, car la vie politique est pleine de confusion. On a toutes les peines du monde à reconnaître avec clarté les hommes, les attitudes, et encore plus de difficulté à choisir un parti, à prendre une décision.

La vertu assignée aux affaires du monde est une vertu à plusieurs plis,

(5) Egalité.

encoignures et coudes, pour s'appliquer et joindre à l'humaine faiblesse, mêlée et artificielle, non droite, nette, constante, ni purement innocente. Les annales reprochent jusques à cette heure à quelqu'un de nos rois de s'être trop simplement laissé aller aux consciencieuses persuasions de son confesseur. Les affaires d'Etat ont des préceptes plus hardis :

> exeat aula
> Qui vult esse pius*

J'ai autrefois essayé d'employer au service des maniements publiques les opinions et règles de vivre ainsi rudes, neuves, impolies ou impollues, comme je les ai nées chez moi ou rapportées de mon institution, et desquelles je me sers sinon commodément au moins sûrement en particulier, une vertu scolastique et novice. Je les y ai trouvées ineptes et dangereuses. Celui qui va en la presse, il faut qu'il gauchisse, qu'il serre ses coudes, qu'il recule ou qu'il avance, voire qu'il quitte le droit chemin, selon ce qu'il rencontre ; qu'il vive non tant selon soi que selon autrui, non selon ce qu'il se propose, mais selon ce qu'on lui propose, selon le temps, selon les hommes, selon les affaires.

Platon dit que qui échappe braies nettes du maniement du monde, c'est par miracle qu'il en échappe. Et dit aussi que, quand il ordonne son philosophe chef d'une police, il n'entend pas le dire d'une police corrompue comme celle d'Athènes, et encore bien moins comme la nôtre, envers lesquelles la sagesse même perdrait son latin.

De la vanité, III, IX, 259

---

* Lucain, VIII, 493 : « Il faut quitter la cour si l'on veut rester pieux. »

Il faut donc trouver l'équilibre exact : ne pas se tenir à l'écart, accepter de participer aux affaires ; et en même temps se préserver, garder sa liberté.

Mon opinion est qu'il se faut prêter à autrui et ne se donner qu'à soi-même. Si ma volonté se trouvait aisée à s'hypothéquer et à s'appliquer, je n'y durerais pas : je suis trop tendre, et par nature et par usage.

> fugax rerum, securaque in otia natus*

---

* Ovide, *Tristes*, chant III, poème 2 : « Ennemi des affaires et né pour la sécurité des loisirs... » Montaigne complète et confirme les confidences de l'essai précédent.

❝❝ La vertu assignée aux affaires du monde est une vertu à plusieurs plis, encoignures et coudes, pour s'appliquer et joindre à

Les débats contestés et opiniâtrés qui donneraient en fin avantage à mon adversaire, l'issue qui rendrait honteuse ma chaude poursuite, me rongeraient à l'aventure bien cruellement. Si je mordais à même, comme font les autres, mon âme n'aurait jamais la force de porter les alarmes et émotions qui suivent ceux qui embrassent tant ; elle serait incontinent disloquée par cette agitation intestine. Si quelquefois on m'a poussé au maniement d'affaires étrangères, j'ai promis de les prendre en main, non pas au poumon et au foie ; de m'en charger, non de les incorporer ; de m'en soigner, oui ; de m'en passionner nullement : j'y

l'humaine faiblesse, mêlée et artificielle, non droite, nette, constante, ni purement innocente ●● III, IX

regarde, mais je ne les couve point. J'ai assez affaire à disposer et ranger la presse domestique[1] que j'ai dans mes entrailles et dans mes veines, sans y loger, et me fouler d'une presse étrangère ; et suis assez intéressé de mes affaires essentielles, propres et naturelles, sans en convier d'autres foraines[2]. Ceux qui savent combien ils se doivent et de combien d'offices ils sont obligés à eux trouvent que nature leur a donné cette commission pleine assez et nullement oisive. Tu as bien largement affaire chez toi, ne t'éloigne pas.

De ménager sa volonté, III, X, 274-275

Cette attitude diplomatique n'est pas nouvelle. Elle a même fait l'objet d'un véritable traité : le Courtisan, écrit par Baldassare Castiglione (1478-1529). Mais les règles de conduite qui sont ainsi définies ont une portée essentiellement pratique : plus qu'un traité politique, c'est un manuel de savoir-vivre.

Parquoy est il nécessaire que nostre Courtisan soit advisé en tout ce qu'il fera, qu'il accompagne tousjours de prudence ce qu'il dira ou fera : que non seulement il mette peine d'avoir en soy bonnes et excellentes parties, mais qu'il ordonne et dispose tellement le cours de sa vie, que le tout soit correspondant à ces bonnes parties : qu'il advise bien luy mesme d'estre tousjours tel en toute chose, qu'il ne soit discordant de soy-mesme, mais fasse un seul corps de toutes ces bonnes qualitez, de manière que toutes les actions d'iceluy résultent et soient composées de toutes les vertuz comme les Stoïques disent estre le devoir de celuy qui est sage, combien

_____
(1) La masse des soucis privés.
(2) Etrangères.

que, ce néantmoins, en toute action, une vertu est tousjours la principalle ; mais elles sont toutes tellement liées et concatenées ensemble, qu'elles tirent à un mesme but, et peuvent toutes venir et servir à un mesme effect.

Et pourtant est il besoin que il s'en sache servir, et pour le parangon et quasi contrariété de l'une, faire aucunefois que l'autre soit plus manifestement cogneuë : comme font les bons peintres, lesquels avec l'ombre font apparoistre et monstrent le jour de ce qui relève, et ainsi par le moyen du jour, confondent les ombres du plain, et meslent diverses couleurs ensemble de manière que par cete diversité l'un et l'autre se démonstre mieux, et le poser des figures contraire l'une à l'autre, les ayde à faire cecy, qui est l'intention du peintre.

Parquoy la douceur et mansuétude est fort merveilleuse en un gentilhomme, qui est vaillant et expérimenté aux armes : et comme cete hardiesse semble plus grande, quand elle est accompagnée de modestie, ainsi la modestie accroist et se monstre d'avantage par le moyen de la hardiesse.

Parquoy parler peu, faire beaucoup ni louer soymesme des œuvres louables, en dissimulant de bonne manière, accroist l'une et l'autre vertu en une personne qui sçair user de cete manière avec discrétion : et autant advient il, de toutes les autres bonnes qualitez.

le Courtisan, éd. de 1559

La vie retirée

C'est à l'écart du monde qu'on a le plus de chances de vivre comme il convient. Débarrassé des obligations publiques, on peut se consacrer à soi-même et à l'étude.

La solitude me semble avoir plus d'apparence et de raison à ceux qui ont donné au monde leur âge plus actif et fleurissant, suivant l'exemple de Thalès.

C'est assez vécu pour autrui, vivons pour nous au moins ce bout de vie. Ramenons à nous et à notre aise nos pensées et nos intentions. Ce n'est pas une légère partie[1] que de faire sûrement sa retraite ; elle nous empêche[2] assez sans y mêler d'autres entreprises. Puisque Dieu nous donne loisir de disposer de notre délogement, préparons-nous-y ; plions bagage ; prenons de bonne heure congé de la compagnie ; dépêtrons-nous de ces violentes prises qui nous engagent ailleurs et éloignent de nous. Il faut dénouer ces obligations si fortes, et meshui[3] aimer ceci et cela, mais n'épouser rien que soi. C'est à dire : le reste soit à nous, mais non pas joint et collé en façon qu'on ne le puisse déprendre sans nous écorcher et arracher ensemble quelque pièce du nôtre. La plus grande chose du monde, c'est de savoir être à soi.

Il est temps de nous dénouer de la société, puisque nous n'y pouvons rien apporter. Et qui ne peut prêter, qu'il se défende d'emprunter. Nos forces nous faillent ; retirons-les et resserrons en nous.

De la solitude, I, XXXIX, 359-360

Depuis ce refuge, on a tout loisir de regarder et d'apprendre. Dans les livres bien sûr, mais aussi en observant ce qui se passe chaque jour avec un œil curieux. La richesse du monde est infinie, pourvu qu'on sache y prêter attention.

---

(1) Entreprise.
(2) Occupe.
(3) Désormais.

66 Je feuillette à cette heure un livre, à cette heure un autre, sans ordre et sans dessein, à pièces décousues **99** III, III

Les miracles sont selon l'ignorance en quoi nous sommes de la nature, non selon l'être de la nature. L'assuéfaction endort la vue de notre jugement. les barbares ne nous sont de rien plus merveilleux, que nous sommes à eux, ni avec plus d'occasion ; comme chacun avouerait, si chacun savait, après s'être promené par ces nouveaux exemples, se coucher sur les propres et les conférer sainement. La raison humaine est une teinture infuse environ de pareil poids à toutes nos opinions et mœurs, de quelque forme qu'elles soient : infinie en matière, infinie en diversité.

De la coutume, I, XXIII, 169-170.

C'est la meilleure école pour former le jugement, et découvrir que ce qu'on croyait vérité universelle n'est qu'un aspect particulier, et relatif.

Il se tire une merveilleuse clarté, pour le jugement humain, de la fréquentation du monde. Nous sommes tous contraints et amoncelés en nous, et avons la vue raccourcie à la longueur de notre nez. On demandait à Socrate d'où il était. Il ne répondit pas : « D'Athènes », mais : « Du monde ». Lui, qui avait son imagination plus pleine et plus étendue, embrassait l'univers comme sa ville, jetait ses connaissances, sa société et ses affections à tout le genre humain, non pas comme nous qui ne regardons que sous nous. Quand les vignes gèlent en mon village, mon prêtre en argumente l'ire de Dieu sur la race humaine et juge que la pépie en tienne déjà les

Cannibales. A voir nos guerres civiles, qui ne crie que cette machine se bouleverse et que le jour du jugement nous prend au collet, sans s'aviser que plusieurs pires choses se sont vues, et que les dix mille parts du monde ne laissent pas de galler[1] le bon temps cependant ? Moi, selon leur licence et impunité, admire de les voir si douces et molles. A qui il grêle sur la tête, tout l'hémisphère semble être en tempête et orage. (...)

Ce grand monde, que les uns multiplient encore comme espèces sous un genre, c'est le miroir où il nous faut regarder pour nous connaître de bon biais. Somme[2], je veux que ce soit le livre de mon écolier. Tant d'humeurs, de sectes, de jugements, d'opinions, de lois et de coutumes nous apprennent à juger sainement des nôtres, et apprennent notre jugement à reconnaître son imperfection et sa naturelle faiblesse : qui n'est pas un léger apprentissage.

De l'institution des enfants,
I, XXVI, 228-229

Le Nouveau Monde ; il y a de quoi réfléchir.

Notre monde vient d'en trouver un autre (et qui nous répond si c'est le dernier de ses frères, puisque les Démons, les Sibylles et nous, avons ignoré celui-ci jusqu'asteure ?) non moins grand, plein et membru que lui, toutefois si nouveau et si enfant qu'on lui apprend encore son a, b, c ; il n'y a pas cinquante ans qu'il ne savait ni lettres, ni poids, ni mesure, ni

(1) Prendre du bon temps.
(2) Bref.

❝ Tant de villes rasées, tant de nations exterminées, tant de millions de peuples passés au fil de l'épée et la plus riche et belle partie du monde bouleversée pour la négociation des perles et du poivre. ❞ III, VI

.15.

vêtements, ni blés, ni vignes. Il était encore tout nu au giron, et ne vivait que des moyens de sa mère nourrice. Si nous concluons bien de notre fin, et ce poète de la jeunesse de son siècle, cet autre monde ne fera qu'entrer en lumière quand le nôtre en sortira. L'univers tombera en paralysie ; l'un membre sera perclus, l'autre en vigueur.

Bien crains-je que nous aurons bien fort hâté sa déclinaison[1] et sa ruine par notre contagion, et que nous lui aurons bien cher vendu nos opinions et nos arts. C'était un monde enfant ; si ne l'avons nous pas fouetté et soumis à notre discipline par l'avantage de notre valeur et forces naturelles, ni ne l'avons pratiqué par notre justice et bonté, ni subjugué par notre magnanimité. La plupart de leurs réponses et des négociations faites avec eux témoignent qu'ils ne nous devaient rien en clarté d'esprit naturelle et en pertinence.

Des coches, III, VI, 158-159

Voilà une occasion parfaite pour remettre en question nos idées les plus communément acceptées sur la civilisation, sur la prétendue supériorité de notre culture, de notre religion et de notre pensée. Bref, d'exercer notre jugement. Cela signifie : essayer les opinions les unes après les autres, les retourner, tirer leurs conséquences, sans idée préconçue.

Ainsi j'arrête chez moi le doute et la liberté de choisir, jusques à ce que l'occasion me presse. Et lors, à confesser la vérité, je jette le plus souvent la plume au vent, comme on dit, et m'abandonne à la merci de la fortune :

_____
(1) Déclin.

une bien légère inclination et circonstance m'emporte.

Dum in dubio est animus, paulo momento huc atque illuc impellitur[*]

L'incertitude de mon jugement est si également balancée en la plupart des occurrences, que je compromettrais volontiers à la décision du sort et des dés ; et remarque avec grande considération de notre faiblesse humaine les exemples que l'histoire divine même nous a laissés de cet usage de remettre à la fortune et au hasard la détermination des élections[1] ès choses douteuses : « *Sors cecidit super Mathiam*[**]. » La raison humaine est un glaive double et dangereux. Et en la main même de Socrate, son plus intime et plus familier ami, voyez à quant de bouts[2] c'est un bâton.

Cette capacité de trier le vrai, quelle qu'elle soit en moi, et cette humeur libre de n'assujettir aisément ma créance, je la dois principalement à moi : car les plus fermes imaginations que j'aie, et générales, sont celles qui, par manière de dire, naquirent avec moi. Elles sont naturelles et toutes miennes.

De la présomption, II, XVII, 362 et 366

Faire l'essai de la raison

Nous pensons connaître et comprendre les choses, et nous ne nous apercevons pas que notre esprit est séparé du monde, sans accès

_____
[*] Térence, Andrienne, acte I, scène VI : « Quand l'esprit est dans le doute, le moindre poids le fait pencher d'un côté ou de l'autre. »
(1) Choix.
[**] Actes des Apôtres, I v. 26 : « Le sort tomba sur Mathias. »
(2) Combien de bouts.

à lui, et que ce que nous pensons savoir n'est rien d'autre qu'une croyance.

Considérons donc pour cette heure l'homme seul, sans secours étranger armé seulement de ses armes, et dépourvu de la grâce et connaissance divine, qui est tout son honneur, sa force et le fondement de son être. Voyons combien il a de tenue en ce bel équipage. Qu'il me fasse entendre par l'effort de son discours, sur quels fondements il a bâti ces grands avantages qu'il pense avoir sur les autres créatures. Qui lui a persuadé que ce branle[1] admirable de la voûte céleste, la lumière éternelle de ces flambeaux roulants si fièrement sur sa tête, les mouvements épouvantables de cette mer infinie, soient établis et se continuent tant de siècles pour sa commodité et pour son service ? (...)

    La présomption est notre maladie naturelle et originelle. La plus calamiteuse et frêle de toutes les créatures, c'est l'homme, et quant et quant[2] la plus orgueilleuse. Elle se sent et se voit logée ici, parmi la bourbe et le fient[3] du monde, attachée et clouée à la pire, plus morte et croupie partie de l'univers, au dernier étage du logis et le plus éloigné de la voûte céleste, avec les animaux de la pire condition des trois ; et se va plantant par imagination au dessus du cercle de la Lune et ramenant le ciel sous ses pieds. C'est par la vanité de cette même imagination qu'il s'égale à Dieu, qu'il s'attribue les conditions divines, qu'il se trie soi-même et sépare de la presse[4] des autres créatures, taille les parts aux animaux ses confrères et compagnons,

❝ La présomption est notre maladie naturelle et originelle ❞ II, XII

et leur distribue telle portion de facultés et de forces que bon lui semble. Comment connaît-il, par l'effort de son intelligence, les branles[5] internes et secrets des animaux ? par quelle comparaison d'eux à nous conclut-il la bêtise qu'il leur attribue ?

    Quand je me joue à[6] ma chatte, qui sait si elle passe son temps de moi plus que je ne fais d'elle ?

Essais, II, XII, 88-92

Nos connaissances ne résistent pas à l'examen, toutes sont douteuses. Et celles qui semblent moins incertaines, nous ne les trouvons pas par le raisonnement.

---

(1) Mouvement.
(2) Cependant.
(3) Le fumier.
(4) La foule.

(5) Mouvements.
(6) Avec.

La participation que nous avons à la connaissance de la vérité, quelle qu'elle soit, ce n'est pas par nos propres forces que nous l'avons acquise. Dieu nous a assez appris cela par les témoins qu'il a choisis du vulgaire, simples et ignorants, pour nous instruire de ses admirables secrets : notre foi ce n'est pas notre acquêt, c'est un pur présent de la libéralité d'autrui. Ce n'est pas par discours[1] ou par notre entendement que nous avons reçu notre religion, c'est par autorité et par commandement étranger. La faiblesse de notre jugement nous y aide plus que la force, et notre aveuglement plus que notre clairvoyance. C'est par l'entremise de notre ignorance plus que de notre science que nous sommes savants de ce divin savoir. Ce n'est pas merveille si nos moyens naturels et terrestres ne peuvent concevoir cette connaissance supernaturelle et céleste ; apportons-y seulement du nôtre l'obéissance et la sujétion. Car, comme il est écrit[2] : « Je détruirai la sapience des sages, et abattrai la prudence des prudents. Où est le sage ? où est l'écrivain ? où est le disputateur de ce siècle ? Dieu n'a-t-il pas abêti la sapience de ce monde ? Car, puisque le monde n'a point connu Dieu par sapience, il lui a plu, par la vanité de la prédication, sauver les croyants. »

Apologie, II, XII, 155-156

Notre faculté de juger se trouve elle-même douteuse puisque tout ce que nous pensons nous parvient par les sens ; nous ne pouvons rien affirmer avec certitude.

Pour juger des apparences que nous recevons des sujets, il nous faudrait un instrument judicatoire ; pour vérifier cet instrument, il nous y faut de la démonstration ; pour vérifier la démonstration, un instrument : nous voilà au rouet[1]. Puisque les sens ne peuvent arrêter notre dispute, étant pleins eux-mêmes d'incertitude, il faut que ce soit la raison ; aucune raison ne s'établira sans une autre raison : nous voilà à reculons jusques à l'infini. Notre fantaisie ne s'applique pas aux choses étrangères, ains[2] elle est conçue par l'entremise des sens ; et les sens ne comprennent pas le sujet étranger, ains seulement leurs propres passions ; et par ainsi la fantaisie et apparence n'est pas du sujet, ains seulement de la passion et souffrance du sens, laquelle passion et sujet sont choses diverses ; par quoi qui juge par les apparences, juge par chose autre que le sujet. Et de dire que les passions des sens se rapportent à l'âme la qualité des sujets étrangers par ressemblance, comment se peut l'âme et l'entendement assurer de cette ressemblance, n'ayant de soi nul commerce avec les sujets étrangers ? Tout ainsi comme, qui ne connaît pas Socrate, voyant son portrait, ne peut dire qu'il lui ressemble. Or qui voudrait toutefois juger par les apparences : si c'est par toutes, il est impossible, car elles s'entr'empêchent par leurs contrariétés et discrepances[3], comme nous voyons par expérience ; sera-ce qu'aucunes apparences choisies règlent les autres ? Il faudra vérifier celle choisie par une autre choisie, la seconde par la tierce ; et par ainsi ce ne sera jamais fait.

Apologie, II, XII, 290-291

---

(1) Raisonnement.
(2) Saint Paul, *Epître aux Corinthiens*, I.

(1) Cercle vicieux.
(2) Mais.
(3) Dissemblances.

En outre, nous changeons sans cesse.

Moi qui m'épie de plus près, qui ai les yeux incessamment tendus sur moi, comme celui qui n'a pas fort à faire ailleurs, (...) à peine oserai-je dire la vanité et la faiblesse que je trouve chez moi. J'ai le pied si instable et si mal assis, je le trouve si aisé à crouler et si prêt au branle, et ma vue si déréglée, que à jeun je me sens autre qu'après le repas ; si ma santé me rit et la clarté d'un beau jour, me voilà honnête homme ; si j'ai un cor qui me presse l'orteil, me voilà renfrogné, mal plaisant et inaccessible. Un même pas de cheval me semble tantôt rude, tantôt aisé, et même chemin à cette heure plus court, une autre fois plus long, et une même forme ores plus, ores moins agréable. Maintenant je suis à tout faire, maintenant à rien faire ; ce qui m'est plaisir à cette heure, me sera quelque fois peine. (...)

En mes écrits mêmes, je ne retrouve pas toujours l'air de ma première imagination ; je ne sais ce que j'ai voulu dire, et m'échaude souvent à corriger et y mettre un nouveau sens, pour avoir perdu le premier, qui valait mieux. Je ne fais qu'aller et venir : mon jugement ne tire pas toujours avant ; il flotte, il vague.

Apologie II, XII, 291

Or, justement, cela conduit à penser autrement : puisque nous sommes incapables d'atteindre une vérité stable et définitive ; ce qui nous reste à faire c'est d'exercer notre réflexion sur les diverses pensées qui nous viennent tout en sachant que nous ne pourrons jamais considérer une pensée comme établie. Aucune vérité ne sera jamais acquise, seul importe le travail de la réflexion.

Les autres forment[1] l'homme ; je le récite[2] et en représente un particulier bien mal formé, et lequel, si j'avais à façonner de nouveau, je ferais vraiment bien autre qu'il n'est. Méshui[3], c'est fait. Or les traits de ma peinture ne fourvoient point, quoiqu'ils se changent et diversifient. Le monde n'est qu'une branloire pérenne. Toutes choses y branlent sans cesse : la terre, les rochers du Caucase, les pyramides d'Égypte, et du branle public et du leur. La constance même n'est autre chose qu'un branle plus languissant. Je ne puis assurer mon objet. Il va trouble et chancelant, d'une ivresse naturelle. Je le prends en ce point, comme il est, en l'instant que je m'amuse à lui. Je ne peins pas l'être. Je peins le passage : non un passage d'âge en autre, ou, comme dit le peuple, de sept en sept ans, mais de jour en jour, de minute en minute. Il faut accommoder mon histoire à l'heure. Je pourrai tantôt changer, non de fortune seulement, mais aussi d'intention. C'est un contrôle de divers et muables accidents[4] et d'imaginations irrésolues et, quand il échoit, contraires ; soit que je sois autre moi-même, soit que je saisisse les sujets par autres circonstances et considérations. Tant y a que je me contredis bien à l'aventure, mais la vérité, comme disait Demade, je ne la contredis point. Si mon âme pouvait prendre pied, je ne m'essaierais pas, je me résoudrais ; elle est toujours en apprentissage et en épreuve.

Je propose une vie basse et sans lustre, c'est tout un. On attache aussi bien toute la philosophie morale à une

❝ Nous troublons la vie par le soin de la mort, et la mort par le soin de la vie ❞
III, XII

vie populaire et privée qu'à une vie de plus riche étoffe ; chaque homme porte la forme entière de l'humaine condition.

Les auteurs se communiquent au peuple par quelque marque particulière et étrangère ; moi, le premier, par mon être universel, comme Michel de Montaigne, non comme grammairien, ou poète, ou jurisconsulte. Si le monde se plaint de quoi je parle trop de moi, je me plains de quoi il ne pense seulement pas à soi.

Du repentir, III, II, 25-26

S'il faut douter de toutes nos pensées, un point au moins est certain, c'est que nous changeons sans cesse.

Cela signifie qu'il faut prêter attention à soi-même, s'étudier avec le plus grand soin. C'est une activité qui

(1) Instruisent.
(2) Raconte.
(3) Désormais.
(4) Evénements changeants.

❝ Il est certain qu'à la plupart, la préparation à la mort a donné plus de tourment que n'a fait la souffrance **❞**
III, XII

durera autant que la vie même, et par laquelle on se maintient éveillé et vif.

Qui ne voit que j'ai pris une route par laquelle, sans cesse et sans travail, j'irai autant qu'il y aura d'encre et de papier au monde ? Je ne puis tenir registre de ma vie par mes actions : fortune les met trop bas ; je le tiens par mes fantaisies.

De la vanité, III, IX, 201

L'approche de la mort

Il est certain qu'à la plupart, la préparation à la mort a donné plus de tourment que n'a fait la souffrance. Il fut jadis véritablement dit, et par un bien judicieux auteur « *minus afficit sensus fatigatio quam cogitatio*[*] ».

Le sentiment de la mort présente nous anime parfois de soi-même d'une prompte résolution de ne plus éviter chose du tout inévitable. Plusieurs gladiateurs se sont vus, au temps passé, après avoir couardement combattu, avaler courageusement la mort, offrant leur gosier au fer de l'ennemi et le conviant. La vue de la mort à venir a besoin d'une fermeté lente, et difficile par conséquent à fournir. Si vous ne savez pas mourir, ne vous chaille, Nature vous en informera sur-le-champ, pleinement et suffisamment ; elle fera exactement cette besogne pour vous, n'en empêchez votre soin.

Incertam frustra, mortales, funeris horam
   Quæritis, et qua sit mors aditura via[**] !

Pœna minor certam subito perferre ruinam,
   Quod timeas gravius sustinuisse diu[***].

Nous troublons la vie par le soin de la mort, et la mort par le soin de la vie.

De la physionomie, III, XII, 333-334

[*] Quintilien, *Institution oratoire*, livre I, chapitre XII : « La souffrance affecte moins les sens que l'imagination. »
[**] Properce, *Élégie 27* du livre II : « C'est en vain, mortels, que vous cherchez à connaître l'heure incertaine du trépas, et la voie que choisira la mort. » Montaigne a ajouté le mot *frustra*, en vain.
[***] Pseudo Gallus, *Élégie I* : « Il est moins pénible de supporter un malheur soudain et déterminé que de craindre longuement. »

Et l'amour de la vie

La gentille inscription de quoi les Athéniens honorèrent la venue de Pompée en leur ville se conforme à mon sens :

> *D'autant es-tu Dieu comme*
> *Tu te reconnais homme.*

C'est une absolue perfection, et comme divine, de savoir jouir loyalement de son être. Nous cherchons d'autres conditions, pour n'entendre l'usage des nôtres, et sortons hors de nous, pour ne savoir quel il y fait. Si, avons-nous beau monter sur des échasses, car sur des échasses encore faut-il marcher de nos jambes. Et au plus élevé trône du monde, si ne sommes assis que sus notre cul.

Les plus belles vies sont, à mon gré, celles qui se rangent au modèle commun et humain, avec ordre, mais sans miracle et sans extravagance. Or la vieillesse a un peu besoin d'être traitée plus tendrement. Recommandons-la à ce Dieu protecteur de santé et de sagesse mais gaie et sociale :

> *Frui paratis et valido mihi,*
> *Latone, dones, et, precor, integra*
> *Cum mente, nec turpem senectam*
> *Degere, nec cythara carentem* *.

De l'expérience, III, XIII, 416

Le bonheur de l'expression

Citer, oui, mais sans pédantisme.

Il en est de si sots, qui se détournent de leur voie un quart de lieue, pour courir

---

après un beau mot ; « *aut qui non verba rebus aptant, sed res extrinsecus arcessunt, quibus verba conveniant* *. » Et l'autre : « *Sunt qui alicujus verbi decore placentis vocentur ad id quod non proposuerant scribere.* ** »Je tords bien plus volontiers une bonne sentence pour la coudre sur moi, que je ne tords mon fil pour l'aller quérir. Au rebours, c'est aux paroles à servir et à suivre, et que le Gascon y arrive, si le Français n'y peut aller ! Je veux que les choses surmontent et qu'elles remplissent de façon l'imagination de celui qui écoute, qu'il n'ait aucune souvenance des mots. Le parler que j'aime, c'est un parler simple et naïf, tel sur le papier qu'à la bouche ; un parler succulent et nerveux, court et serré, non tant délicat et peigné comme véhément et brusque :

> *Hæc demum sapiet dictio, quæ feriet****

plutôt difficile qu'ennuyeux, éloigné d'affectation, déréglé, décousu et hardi ; chaque lopin y fasse son corps ; non pédantesque, non fratesque, non plaideresque[1].

De l'institution des enfants,
I, XXVI, 247

---

* Horace, *Ode 31* du livre I : « Fils de Latone, puisses-tu m'accorder de jouir de mes biens en bonne santé, et, je t'en prie, avec des facultés intactes. Fais que ma vieillesse ne soit ni honteuse, ni privée de lyre. »

* Quintilien, *Institution Oratoire*, livre VIII, chap. III : « ou bien qui n'adaptent pas les mots au choses, mais vont chercher hors du sujet des choses pour y adapter les mots ».
** Sénèque, *Epître 59* : « Il y a des auteurs que l'éclat d'un mot plaisant attire hors de leur sujet. »
*** Epitaphe de Lucain : « Est seule bonne l'expression qui frappe. »
(1) Non de professeurs, ni de frère prêcheur, ni d'avocat.

"Les plus belles vies sont celles qui se rangent au modèle commun et humain."

Quand on complimente son style, Montaigne aimerait mieux qu'on n'en parle pas. Ce qu'il souhaite, c'est parler au naturel...

Je hais à mort de sentir au flatteur ; qui fait que je me jette naturellement à un parler sec, rond et cru qui tire, à qui ne me connaît d'ailleurs, un peu vers le dédaigneux. J'honore le plus ceux que j'honore le moins ; et, où mon âme marche d'une grande allégresse, j'oublie les pas de la contenance. Et me présente moins à qui je me suis le plus donné. Il me semble qu'ils le doivent lire en mon cœur, et que l'expression de mes paroles fait tort à ma conception.

Considération sur Cicéron,
I, XL, 374

...et ce n'est pas si facile de trouver sa propre voix

Pour ce mien dessein, il me vient aussi à propos d'écrire chez moi, en pays sauvage, où personne ne m'aide ni me relève, où je ne hante communément homme qui entende le latin de son patenôtre, et de français un peu moins. Je l'eusse fait meilleur ailleurs, mais l'ouvrage eût été moins mien ; et sa fin principale et perfection, c'est d'être exactement mien. Je corrigerais bien une erreur accidentelle, de quoi je suis plein, ainsi que je cours inadvertamment, mais les imperfections qui sont en moi ordinaires et constantes, ce serait trahison de les ôter. Quand on m'a dit ou que moi-même me suis dit : « Tu es trop épais en figures. Voilà un mot du cru de Gascogne. Voilà une phrase dangereuse (je n'en refuis aucune de celles qui s'usent emmi les rues françaises ; ceux qui veulent combattre l'usage par la grammaire se moquent).

Voilà un discours ignorant. Voilà un discours paradoxe. En voilà un trop fol. Tu te joues souvent ; on estimera que tu dis à droit ce que tu dis à feinte. — Oui, fais-je ; mais je corrige les fautes d'inadvertance, non celles de coutume. Est-ce pas ainsi que je parle partout ? me représenté-je pas vivement ? suffit ! J'ai fait ce que j'ai voulu : tout le monde me reconnaît en mon livre, et mon livre en moi. »

Sur des vers de Virgile,
III, V, 116-117

Ainsi le livre et Montaigne sont un, malgré tous les emprunts et les changements.

Sans peine et sans suffisance, ayant mille volumes de livres autour de moi en ce lieu où j'écris, j'emprunterai présentement s'il me plaît d'une douzaine de tels ravaudeurs, gens que je ne feuillette guère, de quoi émailler le traité de la physionomie. Il ne faut que l'épître liminaire d'un Allemand pour me farcir d'allégations, et nous allons quêter par là une friande gloire, à piper le sot monde.

Ces pâtissages[1] de lieux communs, de quoi tant de gens ménagent leur étude, ne servent guère qu'à sujets communs ; et servent à nous montrer, non à nous conduire, ridicule fruit de la science, que Socrate exagite si plaisamment contre Euthydème. J'ai vu faire des livres de choses ni jamais étudiées, ni entendues, l'auteur commettant à divers de ses amis savants la recherche de celle-ci et de cette autre matière à le bâtir, se contentant pour sa part d'en avoir projeté le dessein et empilé par son industrie ce fagot de provisions

_____

[1] Amalgames.

> loiallement de fon eftre : Nous cherchons d'autres conditions,
> pour n'entendre l'vfage des noftres : & fortons hors de nous,
> pour ne fçauoir quel il y fait. Les plus belles vies, font à mon
> gré celles, qui fe rangent au modelle commun, fans merueille,
> & fans extrauagance. Or la vieilleffe à vn peu befoin d'eftre trai-
> ctée plus doucement & plus delicatement. Recommandons
> là à ce Dieu, protecteur de fanté & de fageffe, mais gaye &
> fociale :

M algré le fameux "J'ajoute, mais je ne corrige pas", Montaigne rature et se reprend.

inconnues ; au moins est sien l'encre et le papier. Cela c'est en conscience acheter ou emprunter un livre, non pas le faire.

De la physionomie, III, XII, 340-341

Mieux, non seulement ils se ressemblent, l'un l'autre, mais encore, au fur et à mesure de l'écriture, ils se forment : écrire c'est aussi découvrir, humblement, que nous avons peu de pouvoir sur notre propre vie, et qu'il vaut mieux la suivre que croire la diriger.

Laisse, lecteur, courir encore ce coup d'essai et ce troisième alongeail du reste des pièces de ma peinture. J'ajoute, mais je ne corrige pas. Premièrement, parce que celui qui a hypothéqué au monde son ouvrage, je trouve apparence qu'il n'y ait plus de droit. Qu'il die, s'il peut, mieux ailleurs, et ne corrompe la besogne qu'il a vendue. De telles gens il ne faudrait rien acheter qu'après leur mort. Qu'ils y pensent bien avant que de se produire. Qui les hâte ?

Mon livre est toujours un. Sauf qu'à mesure qu'on se met à le renouveler afin que l'acheteur ne s'en aille les mains du tout vides, je me donne loi d'y attacher (comme ce n'est qu'une marqueterie mal jointe),

quelque emblème supernuméraire. Ce ne sont que surpoids, qui ne condamnent point la première forme, mais donnent quelque prix particulier à chacune des suivantes par une petite subtilité ambitieuse. De là toutefois il adviendra facilement qu'il s'y mêle quelque transposition de chronologie, mes contes prenant place selon leur opportunité, non toujours selon leur âge.

Secondement que, pour mon regard, je crains de perdre au change ; mon entendement ne va pas toujours avant, il va à reculons aussi. Je ne me défie guère moins de mes fantaisies, pour être secondes ou tierces que premières, ou présentes que passées. Nous nous corrigeons aussi sottement souvent comme nous corrigeons les autres. Mes premières publications furent l'an mille cinq cent quatre-vingts. Depuis d'un long trait de temps, je suis envieilli, mais assagi je ne le suis certes pas d'un pouce. Moi à cette heure et moi tantôt, sommes bien deux, mais quand meilleur ? je n'en puis rien dire. Il ferait beau être vieil, si nous ne marchions que vers l'amendement. C'est un mouvement d'ivrogne titubant, vertigineux, informe, ou des joncs que l'air manie casuellement selon soi.

De la vanité, III, IX, 224-225

Montaigne : un philosophe qui dérange

Les « Essais » ont suscité des réactions souvent passionnées, notamment par la liberté extraordinaire de la pensée qui fait de Montaigne le premier philosophe de langue française. Ou pour, ou contre, rarement tièdes.

C omme Janus, le dieu romain à deux têtes, la tradition a fait à Montaigne deux visages.

Les jugements sur Montaigne

contre : Pascal

Le sot projet qu'il a de se peindre, et cela non pas en passant et contre ses maximes, comme il arrive à tout le monde de faillir, mais par ses propres maximes et par un dessein premier et principal. Car de dire des sottises par hasard et par faiblesse c'est un mal ordinaire, mais d'en dire par dessein c'est ce qui n'est pas supportable et d'en dire de telles que celles-ci.

Pensées

pour : Voltaire

Le charmant projet que Montaigne a eu de se peindre naïvement comme il a fait : car il a peint la nature humaine. Si Nicole et Malebranche avaient toujours parlé d'eux-mêmes, ils n'auraient pas réussi. Mais un gentilhomme campagnard du temps de Henri III, qui est savant dans un siècle d'ignorance, philosophe parmi les fanatiques, et qui peint sous son nom nos faiblesses et nos folies, est un homme qui sera toujours aimé.

contre : Malebranche

Il n'est pas seulement dangereux de lire Montaigne pour se divertir, à cause que le plaisir qu'on y prend engage insensiblement dans ses sentiments : mais encore parce que ce plaisir est plus criminel qu'on ne pense. Car il est certain que ce plaisir naît principalement de la concupiscence ; et qu'il ne fait qu'entretenir et que fortifier les passions ; la manière d'écrire de cet auteur n'étant agréable que parce qu'elle nous touche, et qu'elle réveille nos passions d'une manière imperceptible...

Montaigne était aussi pédant que plusieurs autres... : car je ne parle pas ici de pédant à longue robe : la robe ne peut pas faire le pédant. Montaigne, qui a tant d'aversion pour la pédanterie, pouvait bien ne porter jamais robe longue, mais il ne pouvait pas de même se défaire de ses propres défauts. Il a bien travaillé à se faire l'esprit cavalier, mais il n'a pas travaillé à se faire l'esprit juste, ou pour le moins il n'y a pas réussi. Ainsi il s'est plutôt fait un pédant à la cavalière, et d'une espèce toute singulière, qu'il ne s'est rendu raisonnable, judicieux et honnête homme.

Recherche de la vérité, II, III, 5

pour : La Bruyère

Deux écrivains dans leurs ouvrages ont blâmé Montaigne, que je ne crois pas, aussi bien qu'eux, exempt de toute sorte de blâme ; il paraît que tous deux ne l'ont estimé en nulle manière. L'un ne pensait pas assez pour goûter un auteur qui pense beaucoup ; l'autre pense trop subtilement pour s'accommoder de pensées qui sont naturelles.

Les Caractères, I, 44

Chez les Anglo-Saxons, Montaigne est généralement aimé, cité et reconnu. Halifax écrit : « De tous les Français, Montaigne seul a le sens de la liberté. »

En 1833, le philosophe américain Emerson se trouvait à Paris. Il s'arrêta par hasard au cimetière du Père-Lachaise devant la tombe d'un inconnu , Auguste Collignon. Cet homme était mort en 1830 à l'âge de 78 ans, et sur sa tombe, il était inscrit qu'il « avait vécu pour faire le bien et s'était formé à la vertu dans les Essais de Montaigne ».

et aussi : de Nietzsche

cette âme, la plus libre et la plus vigoureuse qui fût.

3287 *Versailles*

Citer, piller, contredire : Pascal et Montaigne

Quelques exemples d'après B. Croquette, Répertoire analytique des réminiscences de Montaigne dans l'œuvre de Pascal :

Le plus grand philosophe du monde sur une planche plus large (que le chemin qu'il occupe en marchant à son ordinaire) qu'il ne faut (quelque sûrement soutenue qu'elle soit) s'il y a au-dessous un précipice, quoique sa raison le convainque de sa sûreté, (je mets en fait que) son imagination prévaudra. Plusieurs n'en sauraient (sans pa) soutenir la pensée sans (suer et) pâlir et suer.

Pascal, *Pensées,* éd. Brunschvicg

Qu'on loge un Philosophe dans une cage, de menus filets de fer clairsemez, qui soit suspenduë au haut des tours Nostre Dame de Paris, il verra par raison evidente, qu'il est impossible qu'il en tombe : et si ne se sçauroit garder, s'il n'a accoustumé le mestier des couvreurs, que la veuë de cette hauteur extreme ne l'espouvante et ne le transisse. Car nous avons assez à faire de nous asseurer aux galeries qui sont en nos clochers, si elles sont façonnées à jour, encores qu'elles soient de pierre. Il y en a qui n'en peuvent pas seulement

porter la pensée. Qu'on jette une poutre entre ces deux tours d'une grosseur telle qu'il nous la faut à nous promener dessus ; il n'y a sagesse philosophique de si grande fermeté, qui puisse nous donner courage d'y marcher, comme nous ferions si elle estoit à terre. J'ay souvent essayé cela, en nos montagnes de deça, et si suis de ceux qui ne s'effrayent que mediocrement de telles choses ; que je ne pouvoy souffrir la veuë de cette profondeur infinie, sans horreur et tremblement de jarrets et de cuisses :

Montaigne, *Essais,* II, XII

Inconstance.
Les choses ont diverses qualités et l'âme diverses inclinations, car rien n'est simple de ce qui s'offre à l'âme, et l'âme ne s'offre jamais simple à aucun sujet. De là vient qu'on pleure et qu'on rit d'une même chose.

Pascal, *Pensées,* B, 112

Comme nous pleurons et rions d'une mesme chose.

Montaigne, *Essais,* I, XXXVII

Car bien qu'à la vérité la pluspart de nos actions ne soient que masque et fard, et qu'il puisse quelquefois estre vray, *Haeredis fletus sub persona risus est* (Aul. Gell.) : si est-ce qu'au jugement de ces accidens, il faut considerer comme nos ames se trouvent souvent agitées de diverses passions. (…) D'où nous voyons non seulement les enfans qui vont tout naïfvement apres la nature, pleurer et rire souvent de mesme chose. (…) Nulle qualité ne nous embrasse purement et universellement. (…) Nous avons poursuivy avec resoluë volonté la vengeance d'une injure, et ressenty un singulier contentement de la victoire, nous en pleurons pourtant : ce n'est pas de cela que nous pleurons : il n'y a rien de changé, mais nostre ame regarde la chose d'un autre œil, et se la represente par un autre visage : car chaque chose a plusieurs biais et plusieurs lustres.

Les pères craignent que l'amour naturel des enfants ne s'efface. Quelle est donc cette nature sujette à être effacée.

La coutume est une seconde nature qui détruit la première. Mais qu'est-ce que nature ? pourquoi la coutume n'est-elle pas naturelle ? J'ai grand peur que cette nature ne soit elle-même qu'une première coutume, comme la coutume est une seconde nature.

Pascal, *Pensées,* B, 93

L'accoustumance est une seconde Nature, et non moins puissante.

Montaigne, *Essais,* III, X

Le renversement du oui au non.
Injustice.
Il est dangereux de dire au peuple que les lois ne sont pas justes, car il n'y obéit qu'à cause qu'il les croit justes. C'est pourquoi il lui faut dire en même temps qu'il y faut obéir parce qu'elles sont lois, comme il faut obéir aux supérieurs non pas parce qu'ils sont justes, mais parce qu'ils sont supérieurs. Par là voilà toute sédition prévenue, si on peut faire entendre cela et que proprement la définition de la justice.

Pascal, *Pensées,* B, 326

Or les loix se maintiennent en credit, non parce qu'elles sont justes, mais parce qu'elles sont loix. C'est le fondement mystique de leur authorité : elles n'en ont point d'autre. Qui bien leur sert. Elles sont souvent faites par des sots. Plus souvent par des gens, qui en haine d'equalité, ont faute d'equité : Mais tousjours par des hommes, autheurs vains et irresolus. Il n'est rien si lourdement et largement fautier, que les loix, ny si ordinairement. Quiconque leur obeït parce qu'elles sont justes, ne leur obeït pas justement par où il doit.

Montaigne, *Essais,* III, XIII

Des formules qu'on attribue généralement à Pascal viennent de Montaigne.

Pascal : « L'homme n'est ni ange ni bête, et le malheur veut que qui veut faire l'ange fait la bête. » *(B, 358)*
Montaigne : « Ils veulent se mettre hors d'eux ; et échapper à l'homme. C'est folie : au lieu de se transformer en anges, ils se transforment en bêtes. » *(III,* XIII, *415)*
et autres...

Lectures de Montaigne

Il a fallu attendre le XXᵉ siècle et les travaux de Pierre Villey pour disposer d'un texte accessible et dégagé d'interprétations partisanes. Depuis, cette œuvre essentielle retrouve la place qu'elle mérite après sa condamnation par l'Eglise et un oubli ou une méconnaissance de deux siècles. Des écrivains, philosophes et universitaires se sont préoccupés sérieusement de Montaigne, Hugo Friedrich, Jean Starobinski, Jules Brody, Maurice Merleau-Ponty, Stefan Zweig ou Eduardo Lourenço. Ils ne sont bien sûr pas les seuls, mais leurs lectures sont exemplaires.

Les « rêveries » de la raison

Dans les premiers essais et jusqu'à la fin, Montaigne n'a pour la raison que des termes de dédain. Le plus souvent, il l'appelle « fantaisie », la dégradant ainsi au rang d'une imagination passivement livrée aux impressions, se jouant en des « combinaisons arbitraires », – instrument peu sûr qui ne permet aucune connaissance. Elle se prête à démontrer n'importe quoi par n'importe quoi. « J'appelle toujours raison cette apparence de discours que chacun forge en soy ; cette raison, de la condition de laquelle il y en peut avoir cent contraires autour d'un mesme subject, c'est un instrument de plomb et de cire, alongeable, ployable et accommodable à tous biais et à toutes mesures... » Une autre fois, il l'appelle « un port à deux anses, qui se peut saisir

MONTAIGNE

à gauche et à dextre ». Ses contenus sont des chimères, des « resveries », des suppositions gratuitement ébauchées dans le noir, des tentatives de mettre un semblant de vérité autour d'une croyance et les meilleurs penseurs n'ont peut-être jamais vu autre chose dans leurs spéculations : « Je ne me persuade pas aysement qu'Epicurus, Platon et Pythagoras nous ayent donné pour argent contant leurs Atomes, leurs Idées et leurs Nombres. Ils estoient trop sages pour establir leurs articles de foy de chose si incertaine et si debatable. » Aucune possibilité de connaissance objective ne freine le libre vol de l'imagination, lancée à travers cent mondes inventés, et capable de trouver des raisons à mille choses qui n'existent pas. Il n'y a rien de si absurde qui n'ait été quelque jour soutenu avec le plus grand sérieux. Il n'est pas d'évidence, de nature logique ou intuitive, qui garantisse une vérité objective. Au contraire, plus une idée nous remplit d'assurance, plus nous devons nous douter que l'idée contraire nous empoignera le lendemain avec la même conviction. Vérité et mensonge ont même visage. « Ce n'est pas l'être qui projette ses rayons dans l'esprit, mais bien l'inverse. » Cette projection de l'esprit dans les choses n'est cependant que le plaisir inventif de la subjectivité, qui tend à se dépenser au-dehors, mais est incapable de rien connaître. Aussi toutes les « connaissances » restent-elles au niveau de l'opinion, et n'ont de validité que subjective à l'instant où elles paraissent.

Pour illustrer ce plaisir d'invention fantastique de l'intelligence, Montaigne déploie le panorama doxographique de toutes les doctrines à sa disposition. Il en a rempli une bonne partie de l'*Apologie*. Il avait

la partie facile. Ses sources (Cicéron, Diogène, Läerce, Agrippa von Nettesheim et d'autres) lui avaient fourni le modèle de ces compilations de thèses philosophiques. Il entasse sans ordre tout ce qu'il peut trouver d'idées dans les philosophies de la nature et les cosmologies, de théories de l'âme et de l'immortalité, de définitions du bien moral, etc. ; c'est une danse bouffonne ou macabre de spéculations, les unes détruisant les autres, un immense grouillement que ses propres contradictions ruinent et qui ne laissent subsister qu'une certitude : l'impuissance de l'esprit humain à connaître le vrai. Comme tout est disposé pour amener cette conclusion, Montaigne ne se donne pas la peine de critiquer en détail telle ou telle théorie dans ce « tintamarre de tant de cervelles philosophiques ».

On n'attendra naturellement pas d'un auteur du XVIe siècle que les doctrines historiques lui paraissent les degrés encore bornés d'une vérité totale qui a besoin d'une évolution pour développer les contradictions de son édifice dialectique, auquel l'avenir les intégrera. Mais on pourrait imaginer qu'il ait songé à procéder à un simple tri des vérités et des erreurs, de sorte à prendre finalement fait et cause pour les vérités. C'est ce qu'ont fait Cicéron et, par endroits, Plutarque, de qui provient une partie du matériel doxographique de Montaigne. Mais de cela non plus il n'est pas question chez lui. Poser des principes contradictoires n'implique pas pour lui une lutte entre vérité et erreur, mais dénote simplement le vain instinct combinatoire de la « fantaisie ». Des contradictions de la pensée, il conclut à la nature nécessairement contradictoire de l'esprit. De l'historicité de la pensée, il tire la preuve que l'esprit est inapte à la vérité. Mais aussi, il est vrai, le spectacle de sa vivacité. Car, en faisant tourner sous nos yeux toutes ces danses bouffonnes des opinions, Montaigne ne vise pas seulement à ruiner la dignité humaine. Elles lui fournissent aussi la vision concrète de ce que nous sommes, et sommes de plein droit. La raison spéculative est philosophiquement stérile mais riche d'enseignements sur l'homme. Elle est l'organe de l'intelligence trouvant à s'exprimer dans les jeux plastiques de l'imagination, rien de plus, mais rien de moins.

Hugo Friedrich, *Montaigne*

Montaigne et La Boétie

Le regard de l'ami exerçait une fonction essentielle de connaissance et de direction morale. Il était le détenteur d'une vérité complète sur Michel de Montaigne, vérité que la conscience même de Montaigne n'avait su porter à un degré de plénitude comparable. Relisons : «Luy seul jouyssoit de ma vraye image, et l'emporta.» La mort de La Boétie a dérobé à Montaigne son seul miroir : la perte de l'ami a effacé pour toujours l'image que celui-ci détenait. Le «double» plus complet et véridique a été supprimé. La réflexion interne devra, tardivement, prendre le relais : «C'est pourquoy je me deschiffre moy-mesme si curieusement.» Dans le parallélisme de ces deux phrases, il faut prêter attention aux termes substitués. Le je prend la place de luy seul et le verbe me deschiffre remplace jouyssoit de ma vraye image. On le constate aussitôt : on a perdu au change, la vérité de l'image n'a plus de détenteur, et tout est à recommencer. Au lieu de la «jouissance» qui était l'apanage de l'ami, au lieu d'une

intuition directe et totale du même ordre que celle qu'exercent les intelligences célestes selon la doctrine des néoplatoniciens, il faut passer par les peines, les efforts, les découvertes partielles et successives du déchiffrement introspectif. A la place, du savoir «immédiat» que La Boétie possédait sur Montaigne, celui-ci ne peut compter que sur une approche tâtonnante, vouée au souci («curieusement», dérivé de *cura*, comporte encore ce sens au XVIe siècle). Au mieux, le déchiffrement, par étapes successives, en juxtaposant les mots, élaborera un savoir «discursif» par touches discontinues. Mais Montaigne a vieilli depuis la mort de La Boétie : il ne pourra donc jamais reconstituer l'image emportée, telle qu'elle vivait dans la conscience de l'ami : le portrait du jeune Michel de Montaigne par Etienne de La Boétie est à tout jamais perdu. Il faut produire, pour d'autres témoins, au prix d'un travail considérable, une autre image, aussi approchante que possible de l'effigie dont la possession était spontanément offerte à l'ami, et spontanément accueillie par celui-ci. A la place du miroir fidèle où se reflétait la «vraye image», grâce à laquelle Montaigne vivait doublement – en lui-même et dans le regard amical –, il ne reste que la page blanche où se dire soi-même, vieillissant, avec des mots qui seront toujours insuffisants par rapport à la réciprocité vivante. La parfaite symétrie, où l'amitié s'explique par sa cause individuelle – «par ce que c'estoit luy ; par ce que c'estoit moy» –, est devenue à jamais impossible ; la mort de l'ami a détruit cette tautologie qui, à travers les encouragements, les exhortations, les projets partagés, le commerce d'idées, aboutissait à la «jouissance» muette de la similitude fraternelle. Il faut désormais, dans une relation asymétrique à soi-même et aux autres, sauver tout ce qui peut être sauvé de ce bonheur aboli, en lui donnant un autre corps : la parole écrite, le livre. Perpétuer ce qu'on ne se résigne pas à avoir perdu, c'est s'engager dans une activité de remplacement, de suppléance, de traduction…

Jean Starobinski,
Montaigne en mouvement

Les attitudes envers la mort, de Montaigne à nos jours

Écrire ou lire au sujet de la mort au XVIᵉ au XVIIᵉ, ou encore au XIXᵉ siècle, car rien ne devait changer pendant toute la longue période préhospitalière, c'était partager une vision exceptionnellement précise d'un endroit et d'une formule, mais surtout d'une ambiance devenue quasiment inimaginable pour nous et qu'il est pour cette raison même indispensable de reconstruire.

Il est pour le moins naïf de vouloir interroger l'attitude de Montaigne envers la mort, en faisant comme si son discours à lui concernait la même réalité raréfiée et voilée qu'il est permis de se représenter de nos jours, en entendant ou en voyant les mêmes quatre lettres de l'alphabet. Montaigne partageait avec son lecteur, en plus de la crainte pérenne et commune à tous de l'inconnu et du non-être, un sentiment, voire une sensation prégnante de la qualité de la mort qui explique en partie pourquoi ce sujet le préoccupait tellement. A moins d'être emportés dans l'acte même de «planter [leurs] choux», Montaigne et son lecteur pouvaient s'attendre avec certitude à mourir après une agonie plus ou moins longue, et, en mettant les choses au pire, de diverses infections, de la gangrène, ou d'un

cancer lent, en connaissant des douleurs insoutenables, sans répit et sans morphine. Pour ceux qui se trouvaient dans l'entourage, l'expérience de l'*hora mortis* était autrement pénible ; les parents, les amis et les domestiques du mourant, ceux qui l'«assistaient», comme on disait familièrement, se virent condamnés par leur présence, obligatoire et soutenue, surtout vers la fin, à être témoins oculaires des affres de la mort, à sentir les puanteurs de la chair meurtrie ou pourrissante et à entendre les gémissements et les cris de l'agonisant. Mourir autrefois c'était, en un mot, risquer de quitter ce bas-monde dans des conditions positivement atroces. Ne confondons donc pas la mort telle qu'elle fut avec l'événement relativement châtié et anodin tel que la science et la technologie ont su nous l'aménager. Cette même mort, devenue pour nous une obscénité, que nous avons réussi à extirper de nos maisons, à exporter sur un terrain et dans des locaux neutres reluisants de propreté et de blancheur, cette mort que nous avons su cosmétiser et tranquilliser au point d'en escamoter tout le scandale et toute l'horreur, devait rester longtemps encore après l'époque de Montaigne une redoutable et affreuse épreuve publique.

Jules Brody,
Lectures de Montaigne

Maurice Merleau-Ponty

Il ne s'agit pas d'obtenir à tout prix une conclusion rassurante, ni d'oublier à la fin ce que l'on a trouvé en route. C'est du doute que viendra la certitude. Davantage : c'est le doute même qui va se révéler certitude. Il faut donc en mesurer l'étendue. Répétons que toute croyance est passion et nous met hors de nous, qu'on ne peut croire qu'en cessant de penser, que la sagesse est une «résolution d'irrésolution», qu'elle condamne l'amitié, l'amour, la vie publique. Nous voilà revenus à nous. C'est pour y trouver le chaos encore, avec, à l'horizon, la mort, emblème de tous les désordres. Coupé des autres, coupé du monde, incapable de trouver en soi, comme le sage stoïcien, et dans un rapport intérieur avec Dieu, le moyen de justifier la comédie du monde, le sage de Montaigne n'a plus, croirait-on, d'autre entretien qu'avec cette vie qu'il sent sourdre follement en lui pour quelque temps encore, d'autre ressource que la dérision la plus générale, d'autre motif que le mépris de soi et de toutes choses. Pourquoi, dans ce désordre, ne pas renoncer? Pourquoi ne pas prendre modèle des animaux – ces chevaux qui hennissent, ces cygnes qui chantent en mourant –, pourquoi ne pas les rejoindre dans l'inconscience? Le mieux serait de retrouver la «sécurité puérile, l'ignorance» des bêtes. Ou d'inventer, contre le sentiment de la mort, quelque religion de la nature : «la défaillance d'une vie est le passage à mille autres vies.»

Ce mouvement se trouve chez Montaigne. Mais un autre aussi, et aussi souvent. Car, après tous les doutes, justement si l'on sait que toute tentative de savoir multiplie les questions et obscurcit ce qu'elle veut éclaircir, et que, pour une tête coupée, l'Hydre de l'ignorance en pousse trois nouvelles, – reste à expliquer qu'il y ait des options, que d'abord nous ayons cru tenir des vérités, que le doute ait besoin d'être appris. «Je sais mieux ce que c'est qu'homme que je ne sais ce que c'est animal ou mortel ou raisonnable.» Descartes se souviendra de ce mot. Il veut dire que le mouvement et l'irrésolution de l'esprit ne sont que la moitié de la vérité. L'autre moitié, c'est cette merveille que notre volubilité se soit arrêtée et, à chaque moment, s'arrête encore dans des apparences dont nous pouvons bien montrer qu'elles ne supportent pas l'examen, mais qui du moins avaient l'air de la vérité et nous en ont donné l'idée. La pensée, quand elle s'interroge, n'en finit plus de se continuer et de se contredire, mais il y a une pensée en acte qui n'est pas rien, et dont nous avons à rendre compte. La critique du savoir humain ne le ruine que si l'on garde l'idée d'un savoir entier ou absolu ; si au contraire elle nous en débarrasse, alors, seul possible, il devient la mesure de toutes choses et l'équivalent d'un absolu. La critique des passions ne leur ôte pas leur valeur, si elle va jusqu'à montrer que jamais nous ne sommes en possession de nous-mêmes et que la passion est nous. A ce moment, les raisons de douter deviennent des raisons de croire, toute notre critique n'a pour effet que de rendre plus précieuses nos opinions et nos passions en nous faisant voir qu'elles sont notre seul recours, et qu'en rêvant d'autre chose nous ne nous entendons pas nous-mêmes. Le point fixe dont nous avons besoin si nous voulons arrêter notre versatilité, nous le trouvons alors, non pas dans l'amère religion de la nature, dans cette sombre divinité qui multiplie pour rien ses ouvrages, mais dans le fait qu'il y a opinion, qu'il a apparence de vrai et de bien. Retrouver le naturel, la naïveté, l'ignorance, c'est alors retrouver la grâce des premières certitudes, dans le doute qui les cerne et les rend visibles.

Maurice Merleau-Ponty,
Signes

Stephan Zweig

Il est quelques rares écrivains qui s'ouvrent à tout lecteur, quel que soit son âge, à tout moment de sa vie : Homère, Shakespeare, Goethe, Balzac, Tolstoï, mais il en est d'autres dont la signification ne se révèle pleinement qu'à un moment précis. Montaigne est l'un de ceux-là. Il ne faut pas être trop jeune, trop vierge d'expériences et de déceptions pour pouvoir reconnaître sa vraie valeur, et c'est à une génération comme la nôtre, jetée par le destin dans un monde qui s'écroulait en cataracte, que la liberté et la rectitude de sa pensée apporteront l'aide la plus précieuse. Seul celui qui, dans le bouleversement de son âme, est contraint de vivre une époque où la guerre, la violence, la tyrannie des idéologies menacent la vie même de chacun et, dans cette vie, sa substance la plus précieuse, la liberté de l'âme, peut savoir combien il faut de courage, de droiture, d'énergie, pour rester fidèle à son moi le plus profond, en ces temps où la folie s'empare des masses. Il faut d'abord avoir soi-même douté et, désespéré de la raison, de la dignité de l'homme, pour pouvoir louer l'acte exemplaire de celui qui reste debout dans le chaos du monde. [...]

Montaigne, en aucun cas, ne donne de règles. Il ne donne qu'un exemple, le sien : comment il essaie toujours de se libérer de tout ce qui le retient, le gêne et l'entrave. On pourrait tenter d'en dresser une liste :

être libre de la vanité et de l'orgueil, ce qui est sans doute le plus difficile,

se garder de la présomption,

être libre de la crainte et de l'espoir, de la croyance et de la superstition, libre des convictions et des partis,

être libre des habitudes : «L'usage nous dérobe le vrai visage des choses»,

être libre des ambitions et de toute forme d'avidité : «La réputation et la gloire (sont) la plus inutile, vaine et fausse monnaie qui soit en notre usage»,

être libre de la famille et des amitiés, libre du fanatisme : «Chaque pays croit posséder la plus parfaite religion», et être le premier en toute chose; être libre devant le destin ; nous sommes ses maîtres ; c'est nous qui donnons aux choses leur couleur et leur visage.

Et la dernière liberté : devant la mort. La vie dépend de la volonté des autres, la mort de notre volonté propre : «La plus volontaire mort est la plus belle.»

On a voulu voir en lui un homme qui se détache de tout, qui n'est lié à rien, qui doute de tout, et vit dans le vide – c'est ainsi que l'a décrit Pascal. Rien n'est plus faux : Montaigne aime démesurément la vie. La seule et unique crainte qu'il ait connue a été celle de la mort. Et il aime toute la vie, comme elle est : «Il n'y a rien d'inutile en nature ; non pas l'inutilité même ; rien ne s'est ingéré dans cet univers, qui n'y tienne place opportune.» Il aime la laideur, parce qu'elle rend visible la beauté, le vice, parce qu'il fait ressortir la vertu, il aime la bêtise et le crime. Tout est bon, et Dieu bénit la diversité. Ce que dit l'homme le plus simple lui paraît important et l'on peut, en se montrant ouvert, apprendre plus des sots et des analphabètes que des érudits. Il apprécie «une âme à plusieurs étages, qui sache et se tendre et se démonter, qui soit bien partout où sa fortune la porte, qui puisse deviser avec son voisin de son bâtiment, de sa chasse et de sa querelle, entretenir avec plaisir un charpentier et un jardinier».

Il n'est qu'une erreur et qu'un crime : vouloir enfermer la diversité du monde dans des doctrines et des systèmes. C'est une erreur que de détourner d'autres hommes de leur libre jugement, de leur volonté propre, et de leur imposer quelque chose qui n'est pas en eux. Seuls agissent ainsi ceux qui ne respectent pas la liberté, et Montaigne n'a rien haï tant que la «frénésie», le délire furieux des dictateurs de l'esprit qui veulent avec arrogance et vanité imposer au monde leurs «nouveautés» comme la seule et indiscutable vérité, et pour qui le sang de centaines de milliers d'hommes n'est rien, pourvu que leur cause triomphe.

Ainsi l'attitude de Montaigne face à la vie comme celle de tous les libres penseurs, aboutit à la tolérance.

Celui qui revendique pour lui-même la liberté de pensée reconnaît le même droit à chacun, et personne ne l'a mieux respecté que lui. Il ne recule pas d'effroi devant les cannibales, ces Brésiliens comme celui qu'il a rencontré à Rouen, parce qu'ils ont mangé des hommes. Il dit clairement et calmement qu'il trouve cela bien moins important que de torturer des hommes vivants, de les tourmenter et de les martyriser. Il n'est pas de croyance ou d'opinion qu'il refuse de prime abord, et son jugement ne se laisse troubler par aucun préjugé : «Je n'ai point cette erreur commune de juger d'un autre selon que je suis.» Il met en garde contre la violence et la force brutale qui, plus que tout, peuvent gâter et insensibiliser une âme en soi bien faite.

Il est important de voir cela, parce que c'est une preuve que l'homme peut toujours être libre, à n'importe quelle époque. Quand Calvin encourage la chasse aux sorcières et laisse mourir un adversaire à petit feu, quand Torquemada envoie des centaines d'hommes au bûcher, leurs laudateurs avancent en guise d'excuse qu'ils n'auraient pas pu agir autrement, dans l'impossibilité où ils étaient d'échapper complètement aux opinions de leur époque. Mais l'humain est invariable. Même aux temps fanatiques, à l'époque de la chasse aux sorcières, de la «Chambre Ardente» et de l'Inquisition, les hommes humains ont toujours pu vivre ; pas un seul instant cela n'a pu troubler la clarté d'esprit et l'humanité d'un Erasme, d'un Montaigne, d'un Castellion. Et tandis que les autres, les professeurs en Sorbonne, les conseillers, les légats, les Zwingli, les Calvin, proclament : «Nous connaissons la vérité», la réponse de Montaigne est : «Que sais-je?» ; tandis que, par la roue et l'exil, ils veulent imposer : «C'est ainsi que vous devez vivre!», son conseil à lui est : pensez vos propres pensées et non pas les miennes! Vivez votre vie! Ne me suivez pas aveuglément, restez libres!

Celui qui pense librement pour lui-même honore toute liberté sur terre.

Stefan Zweig, *Montaigne*

Eduardo Lourenço

Les *Essais* sont-ils en vérité, «un livre»? Ou, déjà, avec des siècles d'avance, l'aveu que tout livre, en dehors du pacte qui, dans l'ordre de l'apparence, l'institue comme tel, est une entreprise impossible. On a le droit de le penser, d'après l'étrange détachement dont Montaigne fait preuve devant ce qu'il écrit. Rédigeant au gré de ses humeurs, déjouant perpétuellement sa propre stratégie d'écrivain, il finit par transformer les *Essais* en un «non-livre», à l'image même de la non-vérité qu'on trouve au cœur de toute pensée qui prétend au rang de Vérité…

Le monde lui semblait déjà une «branloire» redoutable où rien ne tient debout. C'est déjà assez d'audace que de se poser en sismographe de cet ébranlement perpétuel, en enregistrant au jour le jour, les effets mêlés de ténèbres et de lumières que nous appelons nos «pensées», sans les confondre jamais avec la Pensée… Quand on regarde la vie sans peur, mais aussi sans illusion comme l'a fait Montaigne, il importe peu de savoir de quel statut relève son genre de pensée, défiance perpétuelle envers la Sagesse. Sa «philosophie» débonnaire de Socrate moderne vaut mieux que les sagesses orgueilleuses à tête de Moloch auxquelles la folie et les présomptions des hommes ont érigé des autels sanglants dans l'espoir de devenir des dieux. De cette folie et de cette présomption Montaigne s'est guéri lui-même, non par faiblesse, mais par lucidité et ironie. Il suffit d'ouvrir les *Essais* à n'importe quelle page pour partager avec lui la nonchalance libératrice d'une pensée qui va son chemin comme si elle venait tout juste de naître.

Eduardo Lourenço,
Montaigne, 1533-1592

BIBLIOGRAPHIE

L'œuvre de Montaigne

Quatre éditions sérieuses sont disponibles :
- Edition P. Villey, PUF, Quadrige, 1963, rééd. 1999.
- La Pléiade, *Œuvres complètes*, édition d'A. Thibaudet et M. Rat, Gallimard, 1962.
- Edition A. Tournon, Imprimerie nationale, 1998. Les corrections manuscrites de Montaigne, en particulier en ce qui concerne la ponctuation qui scande la réflexion, sont reproduites ici pour la première fois. Cette édition sera probablement dans les années à venir le texte de référence.
- Le livre de Poche, Pochothèque, sous la direction de J. Céard, 2001.

Etudes sur Montaigne

- F. Brahami, *Le Scepticisme de Montaigne*, PUF, 1997.
- J. Brody, *Lectures de Montaigne,* French Forum, 1983.
- M. Butor, *Essais sur les Essais*, Gallimard, 1968.
- T. Cave, *Pré-histoires. Textes troublés au seuil de la modernité*, Droz, 1999.
- A. Compagnon, *Chat en poche, Montaigne et l'allégorie*, Seuil, 1993.
- H. Friedrich, *Montaigne,* Gallimard, 1984.
- F. Garavini, *Itinéraires à Montaigne*, Champion, 1995.
- E. Lourenço, *Montaigne, 1533-1592*, Escampette, CRL d'Aquitaine, 1992.
- G. Matthieu-Castellani, *Montaigne ou la vérité du mensonge*, Droz, 2000.
- M. Merleau-Ponty, *Signes,* Gallimard, 1960.
- G. Nakam, *Les Essais de Montaigne miroir et procès de leur temps*, Nizet, 1984.
- G. Nakam, *Montaigne: la manière et la matière*, Klincksieck, 1991.
- J-Y. Pouilloux, *Montaigne L'éveil de la pensée*, Champion, 1995.
- J. Starobinski, *Montaigne en mouvement,* Gallimard, 1982.
- A.Tournon, *Montaigne La glose et l'essai, édition revue*, Champion, 2000.
- S. Zweig, *Montaigne*, PUF, 1995.

CRÉDITS PHOTOGRAPHIQUES

EDITION ET FABRICATION

DÉCOUVERTES GALLIMARD
COLLLECTION CONÇUE PAR Pierre Marchand.
DIRECTION Elisabeth de Farcy. COORDINATION ÉDITORIALE Anne Lemaire.
GRAPHISME Alain Gouessant. PRESSE Béatrice Foti et Pierre Gestède.
SUIVI DE PRODUCTION Fabienne Brifault-Dandé. SUIVI DE PARTENARIAT Madeleine Gonçalves.
MONTAIGNE, «QUE SAIS-JE?»
EDITION Elisabeth de Farcy. MAQUETTE Alain Gouessant. ICONOGRAPHIE Nathalie Beaud.
LECTURE-CORRECTION Jocelyne Marziou.